फ़ज़्र

वादे ही हैं, जो किसी को भूलने नहीं देते।

फ़ज़्र

कुछ लेखक के बारे में

जन्म: 21 नवंबर 2004 को महाराष्ट्र में हुआ।

शिक्षा: यश वर्तमान में पुणे यूनिवर्सिटी से कंप्यूटर एप्लीकेशन (Bachelor of Computer Application) की पढ़ाई कर रहे हैं। उनकी मातृभाषा मराठी है, लेकिन स्कूल के दिनों में उन्होंने तीन वर्षों तक हिंदी को मुख्य विषय के रूप में चुना। हिंदी के प्रति उनकी गहरी रुचि और लगाव यहीं से शुरू हुआ।

यात्रा: यश को बचपन से ही कविताओं और संगीत का शौक था। हालांकि, उन्होंने कविताएँ लिखना 18 साल की उम्र से शुरू किया। उनके लिए कविता केवल शब्दों का खेल नहीं है, बल्कि यह दिल की आवाज़ है। यश मानते हैं कि कविता वह माध्यम है, जिसके ज़रिए हम अपनी भावनाओं और विचारों को पूरी ईमानदारी और सरलता से व्यक्त कर सकते हैं।

सफर: यश माने न केवल एक कवि हैं, बल्कि एक गीतकार (Lyricist) भी हैं। वह "Eureka" नामक म्यूजिक लेबल से जुड़े हुए हैं, जहाँ उनकी रचनाएँ संगीत की दुनिया में भी अपनी छाप छोड़ रही हैं। उनकी कई रचनाएँ डिजिटल प्लेटफॉर्म्स पर संगीत के रूप में उपलब्ध हैं।

लेखन शैली और प्रेरणाएँ: यश की लेखन शैली उर्दू-हिंदी साहित्य की गहराई और सुंदरता को दर्शाती है। उनकी रचनाओं में अहमद फ़राज़, जौन एलिया, और परवीन शाकिर जैसे महान लेखकों की छवि झलकती है। वे अपने लेखन में न केवल परंपरागत काव्य तत्वों का प्रयोग करते हैं, बल्कि अपने अनूठे दृष्टिकोण से आधुनिक भावनाओं को भी अभिव्यक्त करते हैं।

जीवन के अनुभव और दृष्टिकोण: यश का मानना है कि कविता वह माध्यम है, जो आत्म-अनुभूति का रास्ता खोलता है। उनकी कविताएँ प्रेम, पीड़ा, संघर्ष, और आत्म-खोज जैसे विषयों को छूती हैं। उनके लिए लेखन केवल भावनाओं को व्यक्त करने का जरिया नहीं, बल्कि आत्मा का आईना है। कविता वह माध्यम है, जहाँ हम अपने दिल की सच्ची बात कह सकते हैं। केवल शब्द और उन्हें प्रस्तुत करने का तरीका मायने रखता है। यह भावनाओं को साझा करने का सबसे सुंदर और प्रभावी तरीका है। जब हमारे पास बात करने के लिए कोई नहीं होता, तब हम खुद से बातें करने लगते हैं, और यही लेखन की शुरुआत होती है।

प्रस्तावना

फ़ज्र हर व्यक्ति की कहानी है, यह एक चक्र है जो कभी समाप्त नहीं होता, इसका एक ऐसा अनन्त चक्र है जिसे हम तब तक तोड़ नहीं सकते जब तक हम इससे कुछ नहीं सीखते। फ़ज्र एक काव्य पुस्तक है जो प्रेम के विभिन्न चरणों को दर्शाती है, आकर्षण से लेकर मृत्यु तक। लेकिन कभी-कभी यह चक्र मृत्यु से मृत्यु तक भी हो सकता है, एक अनन्त यात्रा। फ़ज्र एक काव्यात्मक नाम है, जिसे मैं इस पुस्तक को समर्पित कर रहा हूँ, वही व्यक्ति जिसने मुझे लेखक बनने की प्रेरणा दी, और जिसने मुझे अपने भावनाओं को कागज़ पर उतारने की राह दिखाई।

फ़ज्र का अर्थ सिर्फ़ एक ऐसा दिन या समय नहीं है जो एक डरावनी रात या पतन के बाद आता है, बल्कि यह एक आंतरिक उजाला है, जो अंधेरे और दर्दनाक अनुभवों के बाद आत्मा को नयी ताकत और दिशा देता है। यह वह क्षण है जब हर कठिनाई और नकारात्मकता के बाद, एक नई शुरुआत की संभावना प्रकट होती है। फ़ज्र उस समय का प्रतीक है जब, जीवन की सबसे गहरी रात के बाद, उम्मीद का पहला किरण दिखाई देती है, जैसे एक नये दिन की शुरुआत। यह पुस्तक उसी फ़ज्र के प्रकाश में रची गई है, जो कठिनाइयों के बाद जीवन को एक नई दृष्टि देता है।

फ़ज्र

vii

Yash Mane

फ़ब्र

कोई रास्ता नहीं,
कोई मंज़िल नहीं,
राएगाँ मुसाफ़िर में,
मेरा कोई हमसफ़र नहीं।
आवारा-गर्दी मेरे ज़ेहन में,
कभी पिया के दर,
तो कभी गुमनाम राहों पर,
भटकता रहता हूँ ढूँढते मेरा घर।
हालात का मेरे मत पूछना सबब,
मैं बता नहीं पाऊँगा,
तुम सुन नहीं सकोगे।
बे-रंग हुआ मेरा रंग-रूप तो,
बस कई जागे रातों का असर है,
लरज़िश मेरे हाथ-पैर,
और तशवीश-ओ-अफ़सुर्दा मेरा मन,
कुछ नहीं, बस ख़ुद को खो देने का सबब है।

आंखों में बोझ है मेरे,
आजकल मुझे ये नींद क्यों नहीं आती?
लगता है कमी है सुकून की,
भरने उन सारे रातों को,
जो उसके यादों में बख़्शे हैं।
नींद से उठता हूँ तो
खोया पता हूँ खुद को,
सोचता हूँ के इस कमरे में क़ैद हूँ मैं कबसे?
शायद रहने लगा था खुद में ही जबसे।
ये खिड़की से आज़ाद परिंदे मुझे क्यों घूरते हैं?
माना कि जैसे खुले आसमान में इतराते, मुझे चिढ़ाते हैं।
क्या ही ख़बर उनको ज़िम्मेदारियों की,
बंदिश किसी के ख्यालों में रहने की।
वो परिंदे मुझे आवाज़ क्यों देते हैं,
शायद बेख़बर हैं के
डरता हूँ मैं अपने कमरे से निकलने में,
के कहीं कोई अपना फिर अजनबी न लग जाए।

ये मेरी हवाओं में उड़ने की तमन्ना,
दफ़्न है कहीं ख़ुद के ही
मारे हुए ख़्वाहिशों के बोझ में।
कभी कभी ख़याल आता है कि हो जाऊं मैं भी राह-रौ,
निकल जाऊं उन परिंदों के साथ,
देखने और भी कोई मुल्क है क्या,
सिर्फ मेरी गली को छोड़ कर?
ये मौसम जो बदलते हैं,
क्या इंसान से भी ज्यादा बदलते हैं?
ये बारिश की बूँदें,
क्या मेरे आंसुओं से भी ज्यादा गहरी हैं?
जो चाहत मेरी इस क़ैद से है,
क्या वैसी इनकी आसमान से है?

थक कर वो भी तो कहीं
साअ'त-ए-राहत के लिए ठहरते होंगे,
थका-हारा मैं,
कई अरसों से रुका हूँ मेरे ही घर में।

लेकिन वो जो घर मैं अपना मानता था,
बेख़बर था के किराये का है।
मलंग हो गया घर को सजा कर मैं,
अब यहाँ कोई गैर देखभाली करता है।

दर पर बिखरे ख़्वाब,
फर्श पर अधूरे वादे नज़र आते हैं,
चार दीवारों में क़ैद रहूँ मैं इसके,
ऊपर से अश्कों की बारिश महसूस होती है।

भूल आया मैं वो मोहल्ला,
वो रास्ते अब मुझे याद नहीं,
फिर से देखने जाने की एक आरज़ू है मेरी,
मगर सुना है के वहाँ सौदे आज-कल बहुत ज़्यादा होते हैं।

ये इश्क़ शायद मेरे पहलू में नहीं,
अपने जज़्बे दराज़ में रख आया हूँ मैं।
खुश रहना मुझ पर जचता नहीं,
ये झुरियां जो मेरे आरिज़ पे आराशिश जैसे आए हैं,
कोन जाने कितनी कहानियाँ छुपाते हैं।

और खुशियों की तमन्ना कैसे करूँ मैं,
ग़म के सिवा मेरी तक़दीर में कुछ भी नहीं।
भरम का एक नगर है मेरा,
जहां आता जाता कोई नहीं।

असलियत में जीता है हमसाया मेरा एक,
उनसे वाक़िफ़ मैं नहीं।
जो समझता था अपना सब को,
अब मानता किसी को भी नहीं।

तवज्जो की चाहत नहीं है मेरी,
पूछे हाल-ए-दिल ऐसा कोई शख़्स भी नहीं।
शिकवे करूँ भी क्या उनसे "फ़ऩ",
जो दिल-ए-जार लफ़्ज़ों के खंजर से क़त्ल कर जाते हैं,
आते हैं फिर लौट कर देखने जान,
जैसे हुआ कुछ भी नहीं।

दरिया है उनके पास क़रार का एक,
वहाँ कश्ती मेरी तैरती नहीं।
घुटती हैं साँसें मेरी,
आँखों से एक क़तरा रफ़्ता रफ़्ता दरिया में समा जाता है,
हुं हुजूम में इनके ही मैं,
मगर मेरी पुकार कोई सुनता नहीं।

अरसों गुज़ार गए तन्हाई में मेरे,
कोई अहल-ए-दिल ना मिलने आया।
सुख गए हैं आँखें मेरी,
लेकिन दीदार किसी का हो ना पाया।

मेरे अरमान लटक रहे हैं हसरतों के शाख़ पर कहीं,
उतरना उन्हें मुझे आता नहीं।
बेकरारी कैसी है ज़ेहन में मेरे,
कुछ पाने या खोने मेरे पास रहा भी नहीं।

ना कोई चाहत, ना कोई उम्मीद है,
यूं ख़ामोशी ओढ़ के सिलवट में पड़े रहता हूँ मैं।

ग़म क्यों है मुझे,
किस बात का है, पता नहीं?
कोई साथी भी अब मेरा रहा नहीं।
हमनशीं मेरा साया तलक मेरा रहा नहीं।

तन्हा में खुद से ही हूँ
या दुनिया से मेरा वास्ता रहा नहीं?
ये सवाल बहुत परेशान करते हैं मुझे,
माना के जैसे इनके सिवा चैन मुझे भी आता नहीं।

बीत गई एक उम्र इंतजार में मेरी,
ना कोई सबब,
ना कोई मरहम रास आया है।

खेलता रहा जख़्मों से,
ज़िंदगी से खेलने की उम्र में।
शब-ए-ग़म के वीराने में,
गुम हूँ तलाश-ए-शिफा में।
ये रास्तें कहाँ जाते हैं,
मुझे मालूम नहीं।
ख़ोज़ नए मरासिम की,
कब ख़त्म होगी कोई ख़बर नहीं।
चराघन तुम्हारा एक उम्मीद ले कर आया है,
सियाह भरे दिल में,
जान-ए-वफ़ा कोई चेहरा मकान कर के बैठा है।

कोई हीर ऐसे मिली है मुददतों बाद,
जैसे किसी परिंदे को घर मिला है खैज़ उजाड़ के बाद।
यह हक़ीक़त है या ख़्वाब है,
तुम मेरे हमनशीं हो,
इस बात से दिल थोड़ा हैरान है।
जो था सदियों से अंधेरे में,
अब बहारा है इश्क़ के रुत से,
क्या यह मेरा ही क़स्बा है,
या "फ़ज़्र" यह तुम्हारी आँखों का समा है?

जो टुकड़े बिखरे हैं तेरे ख़्वाब-ओ-दिल-ओ-जज़्बात के,
ऐसे सलक़ा तुम्हे देख सकता नहीं।
बना कर मरहम अपने दिल का,
मैंने तेरे हर ज़ख्म पे पिरोया है,
बाक़ी बचे टुकड़ों को मैंने,
अपने ही आँखों से बहाया है।
फ़िक्र मुझे अपनी नहीं,
तुझ ही से अब मेरी रोज़गारी है,
क़ब्र से बुलाया है तुमने मुझे,
ये मेरे शमशान के फूल भी अब गुलिस्तान से हो गए हैं।

मौजूदगी से है तेरे मेरे आलम को सबात,

जो बात तेरी रानाइयों में है वो बात और कहाँ।

मुझ़दा-ए-इश्रत-ए-अंजाम आए हैं

तेरे आने से यहाँ,

रम्ज़ है इनके

तू रहे पास मेरे इसी बहाने की तरह।

जो गुज़रते थे सुबह-ओ-शब बेकसी में मेरे,

तू आया किसी पैग़ाम-ए-फातिहा की तरह।

सागर से गहरी तेरी आँखें,

कोई कैसे ना डूबे बतलाओ ज़रा,

जो कहानियाँ सुनी थीं मोहब्बतों की,

तू आई उतर कर उन कहानियों से हूर की तरह।

तेरी मौजूदगी है मुझे किसी चारा-साज़ की तरह,

क़रार है मुझे,

मेरे पहाड़ों की तरह।

एक दुनिया है मेरी वोह,

हक़ीक़त से अब मेरा ताल्लुक़ ना रहा।

तेरा आना है संग-ओ-क्रिश्त को ख़िज़ाँ में बारिश की तरह,
तेरी अदाएं हैं पास मेरे किसी ख़ज़ाने की तरह।
जैसे ये फूल है सावन को गुल-पोश बाग़ की तरह,
वैसे रज़्म है कुदरत का,
तू रहे पास मेरे किसी बाग़बान की तरह।
बाद-ए-नसीम तेरी ख़ुशबू बहकाता है,
कहे जैसे इतराते रहूँ में गर्दिश तेरे, इन तितलियों की तरह।

कोई पूछे पता मेरे घर का,

कह देना मैं हमसाया हूँ तेरे वादियों का,

ग़म-ए-ज़िंदगी के गर्दिश से निकल कर जाऊँगा मैं कहाँ,

तुझसे बेहतर मंज़िल मुझे मिलेगी और कहाँ।

यह जो रास्ते हैं मंज़िल के,

बहुत कशमकश है पाने को यहाँ।

अफ़सोस के देर हो गई दीदार को तेरे,

फिर तू नज़र आने लगा है मैं देखूँ जहाँ।

तक़दीर से फुर्क़त करके आया हूँ क़ुर्बत तेरे,

वग़रना मौत को फिर ज़िंदगी मिलती है कहाँ।

तेरे कुछ पल मेरे नाम हैं,
छूने से तेरे जैसे मेरे रगों में जान है।
तकता रहूँ चाँद को,
या तुम्हें तकता रहूँ बात तो एक ही है।
तेरे मुस्कुराने से जैसे जहाँ मुस्कुराता है,
मुलाकातें जो होती हैं आजकल अपनी,
अब हर रात ख़्वाबों में भी तू चल आता है।
वैसे संग दिल शख़्स हूँ मैं,
मगर जान तेरे सजदे शिकस्त कर देता है।

एक सुहानी शाम हो,
तुझसे रोशन आसमान में एक आधा चाँद हो,
बारिश की बूंदें आए ज़ुल्फ़ों से सफ़र कर के तेरे,
दरिया भी जैसे उनके लिए तरसता हो।
पास बैठना कुछ पल ख़ामोशी से,
ये आन महफ़िल से कम नहीं।
मेरे हाथों में तेरा हाथ हो,
रिफाकत में बस तेरे ज़िन्दगी निसार हो।
आए कोई हवा का झोंका ख़त लेकर,
कहे सर-ख़ुशी से कि हम दोनों निभे हो।
एक रात का पर्दा हो,
उसके रुख़ में सिर्फ हम दोनों हो,
गुज़र जाए ये उम्र हमारी,
दुनिया से कुछ वास्ता ना हो।

तुम्हें देखा तो महसूस हुआ,
कि पहली नज़र में भी प्यार होता है,
और बेहद् खूबसूरत होता है।
आइने भी झूठे लगे देख तुम्हारी आँखों में,
खुद को परखा था ना कभी,
जितना जाना तेरी लफ़्ज़ों से है।
फेंक दिए हैं तब से सारे शीशे मैंने,
बस तुम्हारा अक्स मेरी आँखों में है।
तुझे देखा तो जाना के मैं
यूं थक हार कर घर जाता हूँ,
असल सुकून तो तेरी बाहों में है।
छोड़ कर मेरा किराए का मकान,
तुम्हें ही अपना घर माना है।
तुझे देखा तो लगा,
खूबसूरत लोगों से तो कोई भी प्यार करता है,
लेकिन प्यार होने के बाद भी,
जो खूबसूरत लगे वो इश्क होता है।
तुझे देखा तो लगा,
दिल-ए-जार मुद्दत से सांसें ले रहा था,
अब जाकर कहा मुझमें जान आई है।

शुक्रगुज़ार हूँ मैं तेरा,
ज़िंदा तो हूँ मैं,
लेकिन अब सांसें तेरी है,
यह दिल जो धड़कता है,
मगर हर धड़कन अब तेरी है।
तुझे देखा तो मुझे खूबसूरती का एहसास हुआ,
इस दिल को फिर अरसो बाद कोई अपना सा लगा।
मैं अक्सर सोचता हूँ तुम्हें देख के,
कोई इतना सुंदर कैसे हो सकता है।
इतना खूबसूरत हो कर भी
मेरे साथ कैसे हो सकता है।
इन मतमाते नैनों को कोई
अश्कों से कैसे भीगो सकता है।
साहिबा को राह-ए-इश्क से उतार कर,
फ़ुर्क़त के मंज़र पे कैसे छोड़ सकता हूँ।
इतना मासूम कोई कैसे हो सकता है,
इतने अज़ियतें दिल में रख कर,
कोई कैसे मुस्कुरा सकता है।
ना कोई साथी रहा, ना कोई राह-रौ,
फिर कोई कैसे तन्हा खुद को संभाल सकता है,
छुपा के दिल में ग़म का दरिया,
कोई चेहरे पे हंसी कैसे ला सकता है।

ज़माने से तर्क-ए-ताल्लुक़ कर आया हूँ सिरहाने तेरे,
छीन लिया था मेरा सुख-दुख बड़े बे-मुरव्वत से।
कर्ज़ है ज़माने पे मेरा एक,
हल्का हो गया है तेरे आने से।
मरासिम से वाबस्ता कहा था मेरा,
जो जुस्तजू है लगी तुझसे ऐ हमनशीं,
जाना है मैंने तुमसे दास्तान-ए-इश्क़,
कही है मैंने सबको सिर्फ यही दास्तान,
मैंने इश्क़ कहा है तेरी हर साँस को,
तेरा हल्के से मुस्कुराना,
तुझे देख धड़कनों का तेज़ हो जाना।
मैंने दिए झुमके पहन तेरा इतराना,
सुरमा लगा कर आँखों में,
बज़्म की नज़र से नज़र बचाना,
इज़हार-ए-मोहब्बत तो लफ़्ज़ों से भी हो,
मगर तुम जब बोलो, "चाँद देखा तुमने?"
उसे मेरा पागल सा इश्क़ कहना।
मैंने इश्क़ कहा है जब भी तुमने पूछा, "चाँद देखा तुमने?"
मैंने इश्क़ कहा है जब तुझ में ही मुझे चाँद नज़र आया है।
मैंने इश्क़ कहा है तेरे हर सवालों को,
मैंने इश्क़ कहा है तेरी हर एक अदा को,
मैंने इश्क़ कहा है तेरी हर छोटी बात को,
मैंने इश्क़ कहा है तेरे हर आँसू को।

मैंने संभला है ख़ुद को,
मगर तुम्हें देख दिल संभल ना पाया।
मैंने जाना है ख़ुद को जब तू साथ होता है,
हाथ-पाँव तलक कांपना बंद हो जाता है।
धड़कनें भी थम जाती हैं,
साँसें मचल जाती हैं।
रूह ज़िंदा और ज़ेहन ख़ुशनुमा हो जाता है।
कितना उदास, बेजान लगता है तुझ बिन ये समां,
तेरे साथ होने से ख़िज़ाँ भी महक सा जाता है।
यूं दिल का बेचैन होना,
तुझको देख संवर जाना,
तेरे बिन आइने से गुफ़्तगू करना,
वक़्त का ठहर जाना।

मेरे ख़्वाबों को जोड़ दूँ तो तेरा चेहरा बन जाता है,
मेरे नग़मों का हर लफ़्ज़ तक ख़ुश हो जाता है।
मेरे दिल का हर क़तरा दरिया बन जाता है।
मेरे अल्फ़ाज़ चुप हो जाते हैं,
तेरी बातों में होश-ओ-आवाज़ गुम हो जाते हैं।

उलझे रहते हैं जज़्बात मेरे,
सुलझाऊ ज़ुल्फ़ें तेरी,
या हवाओं से खेलने दूँ
इस ख़याल में मेरा दिन गुज़र जाता है।
मैं ख़ुद में नहीं रहता,
मेरा दिल पे कोई ज़ोर नहीं रहता।
हार गया हूँ हर चीज़ में,
लेकिन तुझे खोने का डर नहीं रहता।
हमनशीं ही सही तू जानाँ,
तेरे सिवा मेरा हमनफ़स भी कोई नहीं।
शामिल हो जाता हूँ मैं तेरे हर नफ़स में,
तू जब भी साथ होता है।

तेरे आने से है मिला इस दिल को शिफ़ा,
अब ज़माने से मेरा कुछ गिला नहीं रहा।
जो था ग़म में बे-चराग़ मेरा जहां,
अब रोशन है "फ़ज़्र" तुझसे ये जहां।

समेट लूं मैं टुकड़े ख़्वाबों के मेरे,
तेरी रूहानी पुकार से मुस्तक़बिल भी ख़ुशहाल है।
तेरी बाहों में मुझे मेरा आशियाना मिलता है,
आंखों से बाहर तेरे ये समां वीरान लगता है।

तू है तो मैं हूं, ऐ दिलनशीन,
तू है तो ये दुनिया भी।
तुझ ही से हैं मेरी सांसें,
तू ही मेरे रग-रग में समाया भी।
तू है तो ख़ुदा से क्या मांगूं मैं,
तू ही मेरी धूप,
और तू ही मेरा दिलकश साया भी।

तेरी सूरत से है मेरे बेकरार जहां में क़रार "फ़ज्र",
तू ही मेरा आसमान,
तू ही मेरा चांद और सितारा भी।
तुझ ही से मेरी रूह को सुकून, जान-ए-जां,
और तुझ ही से मैं सताया भी।
तारीफ़ें कितनी करूं हमनवा मैं तेरी,
आती है अक्सर तू मेरी ग़ज़लों में भी।
तुझसे मिलना शायद मुक़द्दर नहीं,
फिर भी मुझे रहना है तेरे साथ ही।
जो तलाश थी मेरी बाज़ार में मरासिम की,
तेरी दुकान के आगे ही मुकम्मल हुए।
प्यासा था मैं एक सदियों का,
मगर तुझ सी धरी इस ग़म के ज़ील को मिली।

तेरे बिना ये दिल सुकून कहाँ पाता है,
हर ख़्वाब में बस तेरा ही चेहरा नज़र आता है।
तू ही है वो,
जिसके हँसने से दिल बहल जाता है।
तेरे बिना ये दिल,
हर पल तुझसे मिलने की तलब रखता है।

अनदेखी हरकतें भी तेरी,
न जाने क्यों दिल आजकल याद रखता है।
इश्क़ कहूँ या क्या कहूँ मुझे पता नहीं?
हाँ, लेकिन तुझपे ये दिल ऐतबार करता है।
ख़ुदा का कैसा दिलकश ख़लाकियत है तू
तुझे मेरी अमानत रखने का दिल करता है।

जब भी बात निकले महफ़िल में नशे की,
मेरा हर लफ़्ज़ बस तेरा ज़िक्र करता है।
ख़ामोशी की सदा है तुझमें एक,
फिर आए झोंका हवा का तो दिल तुझे पहचान लेता है।
कुछ ख़्वाब सजाए हैं तुझ संग मैंने,
फिर हक़ीक़त में उतारूँ तो हसरत नज़र आते हैं।
ये गुमनाम क़स्बा यूँ मिला सफर में तेरे,
अब तुझे यहाँ ता-उम्र बसाने का दिल करता है।

हमने सोचा न था,
के तुमसे दिल्लगी इतनी बे-क़ीमती होगी।
तुम बिन मेरे अरमान अब अधूरे होंगे।
गुज़रे थे जो दिन-रात तन्हाई में मैंने,
अब बिन तेरी यादों के पल भी न गुज़रते होंगे।

मैं अक्सर सोचता हूँ के,
कौन था मैं सिवा तेरे,
राएगाँ सू-ए-दार पर ख़लवत में रहता था मैं।

अब कौन है मेरा सिवा तेरे,
तुझसा अहल-ए-दिल कभी न मेरे पास आया,
मरहम तुझसे बेहतर मुझे कभी न रास आया।

बहार दी मेरे कुटिया को गुलों से तुमने,
अब ये किसी महल से कम जचता नहीं।
मेरा दिन-धर्म, कारोबार-रात,
दुआ-ख़ुदा, ख़ानदान-तन्हाई,
सब तुझ पर क़ुर्बान है "फ़ज्र",
मगर सजदा मैं तेरा नहीं।

लगन है मुझे तेरी ऐ ज़िंदगी,
तेरे बिन मुझे चैन भी तो आता नहीं।
फिर मैं अक्सर सोचता रहता हूँ,
के कौन हूँ मैं सिवा तेरे।

शामिल है तू ऐसे मेरी ज़िंदगी में,
जैसे जाऊं कहीं भी,
महफ़िल सिर्फ तेरी है।
रंग चुका है जहाँ तेरे रंग से,
अब हर कोई बस तेरा चरबा है।

ये जो पागलपन है मेरा,
वो बस तेरी रूह-ए-नज़ाकत का दीवाना है।
महकती हैं हवाएं तेरे यहाँ से गुज़रने से,
झूम उठता है ये समा तेरी हर बातों से।
तेरी अदब हँसी पे तो चाँद भी जैसे दीवाना है।
यूँ जो लगते हैं सब अक्स तेरे,
अब उनका लहजा भी कुछ तुमसा है।
क्या करिश्मा है तेरा "फ़ज़्र",
क्या सच में ये तुम्हारा समा है?

कभी कभी मन कहता है मेरा,
ये मुद्दत मंसब-ए-दिलबरी का है,
ये सफर अनजान से जान-ए-जां का है।
एक संजोता है रिश्ते में तेरे,
ये बेनाम ही अच्छा है।

और एक ओर ये दिल कहता है मेरा,
तेरे होने से दिल-ओ-जां शादाब है,
ये सिलसिला एक चांद और सितारे का है।
एक राग है क़ुर्बत में,
इसे दाग़ मोहब्बत के नाम का ही अच्छा है।

अब क्या सच, क्या झूठ,
इससे मेरा ताल्लुक नहीं,
तू रहे साथ मेरे, इससे ज़्यादा ज़रूरी कुछ नहीं।
मैंने खोया है खुद को तेरी दुनिया में,
तेरे सिवा मुझे दिखता कोई नहीं।

अटका हूँ मैं एक टूटे पुल पर,
एक तरफ़ तू है
और एक तरफ़ मेरा माज़ी वीरान।

कोई जुनून है,
कुछ सुकून है।
तेरी ओर जलता एक चराग़ है।

दूसरी तरफ़ कुछ बेकसी, बेकरारी,
और तुझे फ़िराक़ का मंज़र है,
मेरे कदम तो सिर्फ़ तेरी ओर हैं,
मगर तक़दीर का इरादा शायद कुछ और है।

यह कैसी दूरी बन रही है हमारे बीच में,
और बात यह भी कि तेरी खामोशी का कोई शोर नहीं।
जान लो कि तेरी एक पुकार काफ़ी है मुझे,
रुकावटों की फिक्र क्यों करूं जब कोई वास्ता है मेरा तुझसे।
बेरंग जो है एक सियाह पल पीछे,
तुझसा रंगरेज़ ना मिला कभी मुझे।
रोशन है तुझसे मेरे हर ज़ार, "फज्र",
कोई उम्मीद, ना कोई आशाएं हैं तुझसे,
तेरा वजूद ही काफ़ी है ज़िंदगी गुज़ारने मुझे।

आजकल तेरे बिना ये दिल बेनज़र हो जाता है,
साथ गुज़रे लम्हों का
एक क़ाफ़िला आँखों में रह जाता है।
तुझसा रंगरेज़ हो तो रंगीन हो जाता है हर एक मंज़र,
हर ख़ुशी ख़फ़ा लगती है तुझ बिन;
और हर लम्हा बे-असर।

जब भी तुझे देखता हूँ
दिल में एक तूफ़ान उठ जाता है।
तेरे जाने के बाद भी,
बावरा मचलता ही रहता है।

तुझे पा लूँ या खो दूं,
मुझे इससे कुछ मसला नहीं,
तुझे चाहना सिर्फ़ यही फ़ितरत है मेरी।
तेरी नज़रों में देखा है
मेरे ख़्वाबों को जीते हुए,
तेरी ख़ामोशी में जाना है
तेरी भी एक दास्ताँ अधूरी रही।

किरदार जो थे,
कुछ पल के राह-रौ थे।
मेरी तरफ़ भी देख लो कभी फ़ुर्सत से,
कौन जाने मेरे साथ तेरी एक कहानी है।
तेरे आने से है मिला मेरी किताबों को सबब,
अब ना कोई ग़म, ना कोई फ़ुर्क़त।
अब जैसे मेरी लिखी हर अधूरी दास्ताँ पूरी है।

मैंने जाना है कि,
ख़त्म हो गई है तलाश मेरी,
अरसों से था जिस खोज में राहत-ए-जां के,
मैंने देखा है कि
मिल गई है बिछड़ी मंज़िल मेरी मिलने से तेरे।
जो कुछ थी अधूरी सी,
अब लग रहा है हो गई है
वो सांसें पूरी आने से तेरे।
तेरी हंसी से एक राहत मिलती है,
जैसे अंधेरों को चराघन की रोशनी।
तू ही है वो मंज़िल,
जिसे ढूंढ़ते-ढूंढ़ते मेरी रूह थी थकी।
जो था सिरहाने अश्कों के "फज्र",
उसने ज़िंदगी तेरे बसर कर दी।

थोड़ी जगह दे मुझे बाहों में तेरे,
मेरी थकान को ज़रा आराम दे।
कुछ ना पूछ मुझसे शब-ओ-ग़म का सबब,
तेरी बाहों से मुझे सुबह-ए-इशरत देखने दे।

बेगाना ही सही,
तुम मुझे अपना यार मान लो।
रेत का घरोंदा है मेरा एक,
तुम बस मेरे साथ चल लो।
छू लो तुम प्यार से इस घर को,
फिर से अरसों बाद ज़रा झगमगाने दो।
मैंने माना है ख़ुद को तेरा,
तुम भी ज़रा मुझे अपना मान लो।
सब ग़ैर फरेबी हैं इस ज़माने में,
तुम मुझे अपना घर मान लो।

इतराते अपनी ख़ूबसूरती ज़रा संभल के चलना,
इस दौर के नज़रों से अनजान तुम भी हो,
अनजान हम भी हैं,
चाहे तो मुझे ही अपना लिबास समझकर पहन लो।
कहते हैं हकीम हो तुम,
मरीज़ तो हम भी हैं,
तो फिर ज़रा मेरे दिल की बात भी जान लो।

तुम कहते हो,
कुछ ज़्यादा ही क़रीब आ रहे हैं हम,
क़रीब तो तुम भी हो,
क़रीब तो हम भी हैं,
तो थोड़ा ऐतबार तुम भी कर लो।

मेरे बेसबब हंसी का सबब तुम हो,
मेरे ज़ख़्मों पे मरहम तुम हो।
आंखें बंद करूं तो सामने तुम्हारी मूरत हो,
आंखें खोल दूं तो चारों तरफ़ तुम्हारा जश्न हो।

मेरे क़रार की वजह तुम हो,
मेरे बेकरारी में भी तुम हो।
ज़िन्दगी के शोर में,
मेरी खामोशी की सदा तुम हो।
मेरे आबादी में साथ तुम हो,
मेरे क़यामत की वजह भी तुम हो।
जब चाँदनी रात में खो जाऊं,
तो राहत की फिजा तुम हो।
दूरीयाँ हो जितनी भी "फ़ज़्र",
मेरे राह में बसे तुम हो।
जैसे बादलों को आसमान,
वैसे मेरी ज़िन्दगी में जान तुम हो।

तेरी तस्वीरों से मुस्कुराता हूं,
जैसे तू मेरे ज़िन्दगी की ग़ज़ल हो।
इस ग़म के दरिये में,
तुम जैसे मेरी राहत की कश्ती हो।
तेरी चाँद सी हंसी,
जैसे भीतर बहुत कुछ समा रही हो।
मेरी कुछ पल की खुशी,
और रंज की देहलीज़ भी तुम हो।
मैं बंजारां ज़मीन,
और तुम बारिश की पहली बूँद जैसे हो।
मेरी हर दुआ में "फ़ज़्र" तुम हो,
मेरा ख़ुदा पे यकीन करने की वजह तुम हो।
और कहते हो,
बहुत क़रीब आ रहे हो!

तकमिल-ए-ग़म है होने से तेरे,
कोई और इश्क़ आज़मा कर क्यों देख लूँ?
मेहबूब ना सही,
दोस्त बन के ही सही,
गर्द-ए-पीश तुम्हारे रख लो।
डरता हूँ खोने से तुम्हें,
मुझे ज़रा दिल के पास रख लो।
कब तक बोलूँ मैं ही जाना,
तुम भी कुछ कह दो।
अपने रिश्ते को कुछ नाम तो दे दो,
तारीफ ना सही मगर,
कुछ पल मेरी भी बात कर लो।
आ जाओ हुजूम से बाहर तेरे,
या मुझे ही अपना हुजूम मान लो।
याराना है तेरा सबसे अगर,
तो मुझे ज़रा अलग मान लो।
ज़िन्दगी के मौजो में लडखड़ाओ कभी,
संभालने मुझे भी कभी याद कर लो।

43

सुना है पैमाना है तुम्हारे पास सब के चाहतों का,
फिर मेरी चाहत को ज़रा जावेदाँ कर दो।
जहाल हो जाता हूँ मैं तेरे इर्द-गिर्द,
ज़रा तुम्हारे ज़िन्दगी का इल्म मुझे दे दो।
हर कोई झुकता है सज़दे तुम्हारे,
यानि तुम चाहते हो,
मैं भी मेरी जान क़ुर्बान कर दूँ?

तुम्हें कहने की कोई ज़रूरत नहीं,
तुम्हारी पहली मुलाकात ने ही कहा,
जी, आप अपनी ज़िन्दगी "फज्र" के नाम कर दो।
अबसे अपनी मुलाकातें ख्वाबों में भी होने दो,
जी, अब तुम्हें मैं अपना खुदा मान लूँ?

तुझसे बिछड़ने का एक ख़ौफ़ रहता है मेरे दिल में,
तेरे बेपनाह चाहत ने मेरा जीना मुश्किल कर रखा है।
उठकर तेरी महफ़िल से जाऊँ तो कहाँ जाऊँ?
मेरे नज़र के हर राह पे तू नज़र आता है।

एक आरज़ू है मेरी,
कोई गैर ना अपने बीच आए,
कोई हक नहीं है तुम पर मेरा,
इससे मैं हैरान नहीं,
फिर खोकर चाह अपनी,
रक़ीब के साथ तुम्हें कैसे देखा जाए।

तेरी मोहब्बत में,
मेरी हर सांस ग़ुम हो जाती है,
चलती तो है ऐसे मानो,
बस तेरे दीदार के लिए ही चलती है।

एक ख़्वाहिश रहती है मेरे दिल में,
और तेरा ख़याल
मेरे सोचों का मेहवर है।
हर साअत तेरी बातें चलती रहती हैं दिल-ओ-दिमाग में,
जैसे तू मेरे रग-रग में बसी है।
मुझे मेरी ऐश की फिक्र नहीं,
तेरी खुशियों की तलाश में हूँ मैं।
तुझे पा लेने के जस्तजू में,
भूल गया हूँ खुद का कुर्रा-ए-अर्ज़ में।
तेरी खुशबू से गुजरता है दिन मेरा,
फिर हर शाम तेरा इंतजार रहता है।

रज़-रज़ के माँगा है कू-ए-यार तुझे,
मगर तेरी तवज्जो की चाहत नहीं है मुझे।
जिस हाल में है तू,
जैसी भी है तू,
मुझे तेरी यारी क़बूल है।
मेरी हस्ती मिटा चुका हूँ मैं,
जैसे शम्मा के लिए परवाना है।
हाथ ना छोड़ मेरा,
एक ख़ौफ़ रहता है,
जैसे फूलों को पतझड़ का डर रहता है।
तेरे बिना ये इश्क़ की धरी राएगाँ है,
जैसे दरिया के बिना कश्ती का सफर अधूरा है।

दिलकशी है तुमसे,
तो दिल-लगी करे क्या?
गाहे गाहे तुम पर जान निसार कर दे क्या?
पेरहान मेरा आजकल तेरा बोद है,
अब हर कोई मुझे तेरी ख़ुशबू से पहचानेंगे क्या?
मेरा जो ख़ानमन-बरबाद है निखतें है,
तुम उसे अपने फ़ज़ा-ए-हुस्न-ओ-शबाब से ढल दोगे क्या?
बेरंग मेरे इस दयार-ए-शौक को,
तेरे रंग-ए-नूर से भर दोगे क्या?
यह मेरा सवाल नहीं,
आरज़ू है तुझसे।
प्रीत से इन्हें निभाओगे क्या?
तुझसे लगाव है मुझसे,
वैसे तुम्हें भी मुझसे है क्या?
सुना है कोई कहानी अधूरी नहीं छोड़ते तुम,
तो अपने दास्तान को अगले पन्ने पर ले जाओगे क्या?
तेरे साये में दिन गुजारना आदत है मेरी,
क्या कभी रात को मैं तुम्हें याद आता हूँ क्या?
जपते रहता हूँ मैं तेरा नाम,
जैसे तू ही दुआ, तू ही खुदा।
आशना हूँ मैं तेरी खामोशी से,
मेरे जैसी दीवानगी तुम में भी है क्या?
परवाने बहुत होंगे तेरे शहर में,
मगर कोई मुझसा मतवाला भी है क्या?

लाज़िशें नहीं मिलेंगे तुम्हें मेरे मोहब्बत में कहीं,
गलती ढूंढ रहे हो यानी मुझसे इश्क नहीं है क्या?
तुम मुस्कुराया करो,
मुस्कुराते हूर लगते हो,
क्या मैं इस पल को ता-उम्र साथ रख सकता हूँ क्या?
यह दिल अब नहीं बहलता दुनिया के ख़बरों से,
तुम अपनी ख़ैरियत बताओ,
बोलते खूब प्यारे लगते हो।
सोगवार बहुत होंगे न ग़म के पास तुम्हारे,
तुम्हारा खुशगवार मुझे बना लोगे क्या?
तुम कहते हो,
यारी में एक इश्क है,
और इश्क में यारी ज़रूर है।
तो तुम मुझे अपना इख़लास बना लोगे क्या?

तेरे होने से "फज़्र" मेरी सोहबतें ढल गए,
कुछ गरां ख़्वाबों को सरख़ुशी
और कुछ को जराहते मिले।
चरा-साज़ हो जब कोई तुम-सा,
तो मो'तामिन हर कोई मरहम मिले।
चारा-ए-दिल मेरे,
अहल-ए-नज़र सब की सिर्फ़ तुम पर है।
मेरा फिर से इश्क़ पे यक़ीन करने की बुनियाद तुमसे है।
ये हमारे सफ़र की इब्तिदा है "फज़्र",
इंतेहा का मंज़र धुंधला है मगर।
यूं ही चलने दे सिलसिला अपना,
रम्ज़ से तेरे मुझे सताया कर।
बैन न होने दो दरमियान अपने,
अब अक्सर मुझे भी याद कर लिया कर।
थोड़ा बावरा सा हो जा सजन,
ये दुनिया मेरी है,
किसी और की फ़िक्र मत कर।
हो जा तू भी अपने क़ैद से रिहा,
तेरे आशाओं का आलम में सबत कर।

उड़ने दे अपने ख्वाबों को हवाओं में "फज्र, "
तेरे इत्र से उन्हें भी जीतने दे।
आंसुओं की बरसात है बहुत यहां,
तेरे साथ मुझे भी रक्स-ए-वहशत करने दे।

तुम जो कहते हो,
दिलकशी कुछ पल की आदत है।
जो हो गई है मुझे आदत तेरी,
उसे नाज़ से उम्र भर इतराने दे।
वक्त को इस तरह तौलो मत "फज्र ",
अक्सर अधूरे ख्वाब ही ज्यादा याद रहते हैं।

सामने तो मैं भी हूँ,
याद तो रक़ीब भी है।
कैसा ये हब्स है,
जहाँ दिलकशी और मोहब्बत एक साथ क़ैद है।
दरवाज़ा खोल दूँ, तो बाहर वीराना-ए-जान है,
और अंदर ही अंदर उड़ती मलाल की धूल है।
बेकसी से लिपटे बिस्तर पे नींद बहुत गहरी आती है,
आओ उठकर बोझल ख्वाबों से,
तेरी गूंज सुनाई देती है।
आँखें खोल दूँ, तो धूल से बनी तेरी तस्वीर दिखती है,
आँखें बंद कर लूँ तो
तू मेरे पास बैठी नज़र आ जाती है।
तो असलियत में जीना छोड़ दूँ मैं?
ख्वाबों में तेरे साथ रह लूँ मैं?
मुझे तेरे साथ एक उम्र गुज़ारनी है,
मुझे अपनी एक अलग दुनिया बसानी है।

यह एक तरफ़ा मेरा सफ़र तुम भी पूरा कर दो,
थोड़े क़दम साथ चल लो मेरे,
अपने टूटे मकान को ख़ानमाँ-बर्बाद रहने दो।
समेट लो अपने हसरतों को,
जख़्मी दिल को झोली में भर लो,
दर पे इंतज़ार कर रहा हूँ मैं सब्र से,
अंदर आने की इजाज़त नहीं है मुझे,
वक़्त थोड़ा कम है साथ गुजारने के लिए,
दीवार पे मुद्दत से लटक रही
बंद घड़ी को भी अपने साथ ले लो।
सुन लो अपने मकान की ख़ामोशी आख़िरी बार,
यादों को संदूक में भर के चल लो।
ताला न लगाओ घर को,
किसे फिर ये घर भाएगा।
हमारा सफ़र मीलों दूर का है,
यहाँ कोई ग़ैर भी कभी न बस पाएगा।

मरम्मत करने की सोच रहे हो,
क्या होगा?
फिर से टूट जाएगा।
अपना अपना कह कर सबको बताए फिरते हो,
क्या होगा?
वो भी किसी और का हो जाएगा।
अगर वो तेरा ना रहा तो दुनिया से छुपोगे कहाँ?
आँखें फेर के देखो थोड़ी,
मेरा ख़ामोश रास्ता दिख जाएगा।
राह में हूँ मैं तेरे,
और कितना वक़्त लगाओगे?
बहुत बोझ होगा न झोली में,
बहुत बोझ होगा आँखों में,
मेरे शाने पर सब डाल दो।
रक़ीब को मेरी आँखों में देख भुला दो,
तुम इश्क़ करो मुझसे,
ऐसी मेरी आरज़ू नहीं,
हमनशीं बन के सफ़र को बहार दो,
यही सिर्फ़ तमन्ना है मेरी।
वगरना यह एक तरफ़ा सफ़र तो है।

अर्ज़-ए-शौक़ है मेरा,
यानी तुम पर कोई क़ैद नहीं।
चाहो मुझे भी या
समा जाओ रक़ीब में,
सोज़-ए-रक़ाबत मुझे होगा नहीं।

चाहना तुम्हें सिर्फ़ यही फ़ितरत है मेरी,
मसरूफ़ रहो तुम कितने भी,
मगर उसे भुला पाओगे नहीं।
एक मौक़ा दो मुझे भी, "फ़ज्र",
कितने बे-क़ीमती हो जान लो मुझसे,
कब तक यूँ ही अश्कों से भीगे बैठे रहोगे,
उन्हें रोकने की इजाज़त दो मुझे।
अब्र-ए-करम न समझो मेरे रिफ़ाक़त को,
ऐसी तकल्लुफ़ ग़ैर सी न करो मुझसे।
कुछ दो लफ़्ज़ बोल दो प्यार से,
यह गुज़ारिश नहीं है तुमसे,
दो पल तेरे मेरे नाम कर दो।
तेरे दिल में थोड़ी जगह दे दो,
आज़मा कर देख लो इश्क़ मेरा,
इस ग़म के दरिया को सूखने दो।

जनाज़े से बुलाया है तुमने मुझे,
तो तुम्हारे ख्वाबों को कैसे मरने दूं?
आशिक़ी नहीं निभाई जाती रक़ीब से जाना,
हर किसी से दिल लगा लेता है वोह।
कितने नादान हो तुम "फ़ज्र",
खेल में किरदार बन के खुश रहते हो तुम।

रस्म-ओ-राह-ए-दुनिया में प्यार ढूंढने चले हो?
सुना है अब ज़माने पर यक़ीन करने से डर रहे हो।
पसंद है तुम्हें मेरे साथ वक्त गुज़ारना,
और सुबह-ओ-शाम उसके ख्यालों में रहते हो।
सुना है इश्क़-ए-बहार में रहते हो तुम,
और घर से बाहर निकलने की सताइश भी नहीं करते हो।
कितने वहशत से रहते हो,
कि खुद से भी कोई पुरसिश नहीं करते हो।
कितने मतवाले हो गए हो,
सबसे तंज़ सुन लेते हो।

55

तक़दीर में जो नहीं,
उसके शिकवे खुदा से करते हो।
सामने जो बैठा है उम्मीद से,
उसकी तरफ़ जुंबिश भी नहीं करते हो।
सुना है मोहब्बत करने से डरते हो,
कब तक ऐसे खुद से ही तन्हा रहोगे,
इतनी बेबसी से किसे ढूंढ रहे हो।

चराग़ जला के देखो ज़रा,
यहाँ तुम्हारे परवाने बहुत हैं।
उदासी तुम पर जचती नहीं,
ग़म-ए-दिल ये तुम्हारा तो नहीं।
जो थी माज़ी दास्तां, वो आख़िरी तो नहीं,
तुम बिन ये इश्क़-ए-बहार बहारता नहीं।
तुमसा रंगरेज़ इस ज़माने में कोई नहीं।
ख़ामोश ना रहा करो,
इसकी मुझे आदत नहीं।
सीले हैं लब कुछ बोलने के लिए,
तुम्हारी हँसी के सिवा इसका कोई हल नहीं।
बिन सुने आवाज़ तेरी,
ये दिन भी गुज़रता नहीं।
चलो साथ मेरे हक़ीक़त के उस पार,
वहाँ तुमपे इल्ज़ाम कोई लगाएगा नहीं।
छुपाना मत अपने जज़्बात-ओ-बयान-ए-दिल,
मेरे सिवा कोई तुम्हें सुनेगा भी नहीं।

कू-ए-यार पे मकान करके बैठा हूँ मैं,
ये इंतज़ार कब ख़त्म होगा, पता नहीं।
पास हो अगर इतने तो ज़िक्र करो मेरा,
मेरे बाद ज़िक्र-ए-यार नहीं।
आग़ाज़ है ये अपनी कहानी का "फ़ज्र",
लेकिन तेरे मरासिम का अंज़ाम नहीं।
तू इंतिक़ाम देख मेरी मोहब्बत का,
मगर तेरे लौट आने का इंतज़ार नहीं।
ये जो मेरी यारी है तुझसे,
प्यार तो छुपा रहा नहीं।
मेरा शादाब दिल है ये,
कोई तकल्लुफ़ नहीं।

58

प्यार है मुझसे तो इकरार क्यों नहीं करते,
वो पहला इश्क़ भुला क्यों नहीं देते।
बहुत रंज-ओ-ग़म मिले होंगे सबब में,
तो थोड़ा ग़म मुझसे क्यों नहीं बाँटते।
सुना है कि किसी के पैरों में गिरे थे तुम,
लेकिन वो किसी और की बाँहों में थे।
मैंने तो तुम्हें दिल-ओ-जान में रखा है,
ये मेरा पागलपन क्यों नहीं देखते तुम।

बरपा क्यों है सिलसिलों का,
दिलकशी है और कुछ भी नहीं।
मैंने जाना कि तेरी हर दुआ में उसका ज़िक्र है,
मगर उसकी हर बात में रिफ़ाक़त-ए-ज़माने का अहवाल है।
वो जो हमसफ़र था,
तेरे वीरान-ए-जाँ का साथी था,
मगर मंज़िल से पहले
मंज़र-ए-शब-ताब उसकी आँखों में था।

ग़मगुसार कितनी मोहब्बत दान में माँगोगे?
रक़ीब के घर दान नहीं मिलती।
ख़ुद से भी ज़्यादा चाहते थे उसे?
अब ख़ुदा के सामने जाने से भी डरते हो?
तेरी चाहतों में उसकी ही चाहत थी,
मगर अफ़सोस कि जाना उसकी चाहत अकीदत थी।
जाने वालों में वो भी शुमार हो गया,
जिस बज़्म को छोड़ा था तूने उसके लिए,
उसी हुज़ूम का वो हिस्सा बन गया।

कभी मेरी तरफ़ भी देखो जाना,
आज भी तुम्हारा इंतज़ार है।
कितने किरायेदार निकाले हैं घर से,
ये मकान अरसों से ख़ाली है।
तो तुम यहाँ क्यों दस्तक नहीं देते?
दर पे तो आओ सही,
डर के ना रुक जाओ वहीं।
इंतज़ार नहीं करवाऊंगा तुम्हें,
मगर दस्तक देने कभी आओ तो सही।

खोल दूं दरवाज़ा तो छुपके से नज़र फेरना नहीं,
तुम्हारी यादों के सिवा घर में कोई और रहता भी नहीं।
कदम रख दो आहिस्ते से,
इस शोर को शांत कर दो।
क़फ़स में था ये परिंदा कब से,
अब तुम्हारे गुलशन में उड़ाने दो।
बहर-ए-ख़ुदा नसीब हुआ तेरे आने से इस घर को,
वगरना सरख़ुशी इसे भाती नहीं।

61

कमरा ढूंढ रहे हो मेरा?
वहाँ दवाइयों के सिवा कुछ भी नहीं।
ये दवाइयाँ मुझे जीने देते नहीं,
और एक तुम्हारे ख्वाब मुझे मरने देते नहीं।

सजा दो मेरे कमरे को तुम भी ज़रा,
मेरे बोल ये सुनते नहीं।
दस्तक दो दरवाज़े पर मेरे,
साबित करो ये मेरा ख्वाब नहीं।

कोई हमसाया देखेगा नहीं तुम्हें,
ये नक़ाब उतार दो "फ़ज़्र",
छुपोगे कब तक ज़माने से,
ये ख़ुदा के फ़रिश्ते तो नहीं।

हिज्र की बरसात हो रही है बाहर,
दिख जाए दयार-ए-शाम मेरा
तो आशियाने के लिए रुक जाना।
फ़क़ीर भी यहाँ कभी आते नहीं,
अहल-ए-दिल मगर तुम ज़रूर आना।
नक़्द-ए-वफ़ा है पास मेरे,
मुरासलात में तुम भी थोड़ी वफ़ाई देना।
तेज़ हवाएँ गुलों को उजाड़ रही हैं,
तुम अपने हाथों से उन्हें सँवार लेना।
बे-चराग़ कब से है ये घर मेरा,
शाम होते ही सियाह हो जाएगा।
तुम मशाल-ए-जाँ ज़रा आराम से आना,
पुकारना नाम मेरा,
ये क़स्बा तुम्हें मेरा ज़िक्र-ए-महर-ओ-वफ़ा बताएगा।

चश्म-ए-मस्त मुझे कहीं खोया पाओगी तुम,
मेरे घर से सिर्फ़ "फ़ज़्र" की सदा सुनोगी तुम।
ये बेकसी सी पुकार तो सिर्फ़ तुम्हारे दीदार के इंतज़ार में है।
थोड़ी देर के लिए ही सही,
मेरे तसल्ली के लिए ही सही,
मेरे साथ थोड़ा रुक जाना,
हो सके तो मुझसे भी तुम कार-ए-वफ़ा कर लेना।
कारवां-ए-हमसफ़रां तुम ज़रा मुझसे भी इश्क़ करना,
राहत देकर रूह को मंज़िल-ए-सहर निकल जाना।

क़तार-ए-शीशा है कमरे में,
तुम उसे निहारते रहना।
मुझे पंखे से लटक रही मेरी रूह दिखाई देती है,
लेकिन तुम आईने में कितने ख़ूबसूरत हो देखते रहना।

रम्ज़ है इनमें एक,
कहते हैं तुम मेरे साथ आख़िरी सांस तक रहना।
शीशा-गिरान-ए-शहर भी इसे तुम्हारी कारीगरी मानते हैं,
हकीम भी तुम्हें मेरी दवा मानते हैं।

इतना बसे हो तुम मेरे दिल में "फ़ज्र",
किसी के बाअद-ए-वाहम-ओ-ख़्वाब हो तुम,
यानी कि मेरे क़रीब-ए-शह-रग में हो तुम।

गाहे गाहे तुम्हारे शब-ए-हिज्रां से भी प्यार करने लगे हैं हम,
मौज-ए-हवा-ए-कू-ए-यार को सीने में भर के जीते हैं हम,
हुज़ूर-ए-यार में ही आशिक़ाना करते हैं हम।

जब ज़िक्र-ए-महर-ओ-वफ़ा होता है,
तेरा चेहरा याद आ जाता है।
आफ़त-ए-रोज़गार बहुत है तेरी कमी से,
मगर अफ़्सोस के शिकवा-ए-रोज़गार भी तुझसे कर पाता नहीं।

इश्तिहार हम मोहब्बत का करते नहीं,
तो ऐसा नहीं कि तुमसे करते नहीं,
तुम कभी आँखें पढ़ते भी तो नहीं।
आओ कभी रिफ़ाक़त से,
ये दूरी कम कर दो,
आशियाना दे दो दिल में मुझे,
मेरी वफ़ा-ए-यारी-ओ-मोहब्बत क़बूल कर लो।
हुस्न-ए-परदा-नशीं संभल के रहना,
यहाँ गुलों पर तितलियाँ बहुत इतराती हैं।
साथ रहो मेरे तो ऐसा नहीं कि क़ैद में रहो,
रिहा हो गए हो कब के लेकिन,
फिर से उस क़ैद में रहने की चाह तो रही।
मेरे संग आज़ादी छोड़कर,
उसकी क़ैद तुम्हारी पसंद है।
रात मेरी पसंद है और चाँद उसका,
शिकवा-ए-ज़ुल्मत-ए-शब तो मुझसे ही करोगे,
और गिले हिज्र के उसके,
ये तुम्हारी इम्तियाज़ी मुझे पसंद है।

तुम्हारे सारे दाग़, ज़ख़्म, दिल-लगी मुझे होश-ओ-आवाज़ से क़बूल है,
सुख़न-तराज़ियों से तुम्हारे मुझे हर बात क़बूल है।
तुम कह दो कोई बात मुझसे,
मुझे आख़िरी सांस तक क़बूल है।
तुम्हें मेरी पास-ए-वफ़ा राज़ी है शायद,
मुझे तेरी कार-ए-वफ़ा क़बूल है।

तेरा मुझे चाहना फिलहाल तो मुहाल है।
ब-पास-ए-तर्ज़-ए-नवा के साथ तुझे भी मुझसे दिल-लगी हो,
कोई न जाने रिश्ता हमारा यही मेरी तमन्ना है,
फिर हर कहानी में अपना बरपा हो।
नफ़रत के इस शहर में,
एक क़स्बा मोहब्बत का अपना भी हो।
अंधेरी रात में चांद का मिज़ाज भी कुछ तुमसा हो,
सौबतें आएं जितनी भी, मेरे शाने पर तेरा हाथ हो,
ग़म के शोर में मेरे, तेरा मौज-ए-तरब हो।
लकीरों में साथ न मगर,
सफ़र में तुम साथ रहो।
गुज़र जाए मुद्दत साथ में चाहे जितनी भी,
मगर इंतिहा के बाद फिर गर्दिश हो।
मैंने माना है मुझको तेरा,
तुम भी मुझे अपना मान लो।
दरख़्त-ए-ज़र्द हो जाते हैं देखते देखते,
फिर अगले जनम सबसे पहले मुलाक़ात हो।
जनाज़े पर भी ख़ुशी से सांसें लूं मैं,
अगर तुम पास हो।

तुमने कहा था कि सबसे अलग हूं मैं,
सोचा न था कि सबसे ही अलग हूं मैं।
जहां हूं मैं वहां तुम भी तो नहीं,
लगता है देर कर दी मैंने आने में,
या कभी तेरे पास पहुंचा ही नहीं।

एक ख़त लिखा था तुम्हें,
सुना है तुमने कभी दराज़ से निकाला ही नहीं।
कुछ दूरियां बनाई रखी हैं तुमने,
यानी कि सबसे दूर तो नहीं?
मुझे ख़ुश देखने की तमन्ना है तुम्हें,
यानी पास रख के भी क़ुर्बत नहीं।

गिरा, उठा, मारा, टूटा जैसे भी तेरे पास आया,
लड़खड़ाया कई बार गले लगने से पहले,
मगर तुम मुझे संवरना नहीं।
हाल पूछोगे तो ज़रा सब्र से पूछना,
मेरे हालात तुम्हें दिखेंगे नहीं।
राह-रौह है तू सुकून का,
ये फ़क़ीर तुम्हें राह में मिलेगा नहीं।
मेरी आदत बस तुम्हें चाहना है,
तुझे पाने की ज़िद नहीं।
वस्ल के क़िस्से दोहराने हैं साथ तेरे,
फुरक़त के अंजाम देखने नहीं।
आ रहा हूं मैं पास तेरे,
अब मुझे कहीं और जाना नहीं।
ठुकराना मत रिफ़ाक़त मेरी "फ़ज़्र",
कहीं और मुझे आशियाना मिलेगा नहीं।

क़बूल है तुझे मेरी बातें,
तो हँस कर मेरा नाम पुकार दो।
तवज्जो चाहिए मुझे तेरी, "फ़ज्र,"
मगर बातों से तेरे मुझे बहलाना नहीं।
साथ दे तू मेरा और कुछ भी उम्मीद नहीं,
ना वादे, ना क़समें दे मुझे,
तू ख़ुद ही शामिल हो जा मुझमें।
तेरा आना ही एक क़रार है मुझे,
पहलू में छिपा के रख लो मुझे।
मुज़्दा-ए-इशरत-ए-अंजाम है आने से तेरे,
मोहब्बत को सबब है मिलने से तुझे।

नुमाइश करूं अगर कभी बेक़रारी की,
मेरे आरिज़ पर हाथ रख देना ज़रा।
तन्हा-रवी रहता हूँ अक्सर,
तू ही मेरी बज़्म है, समझा देना।
याद आए अगर रक़ीब की कभी,
मेरी बाहों में उसे भुला देना।

ये जो अश्क हैं मेरे,
इनमें कोई मलाल नहीं।
तुझे आधा ही सही मगर
पा लिया, इस ख़ुशी की धरी है।
कहते हो इस दिलकशी को दिलकशी ही रहने दो,
यानी चाहते हो बर्बाद हो जाए
और ख़बर किसी को न हो।
तो सुन लो "फ़ज्र" आख़िरी दफ़ा,
मैं बर्बाद होना चाहता हूँ
मैं तेरा होना चाहता हूँ।
भुला कर सारे रंज-ओ-ग़म
मैं तेरा हमसफ़र होना चाहता हूँ।

तू मेरे साथ चलने तैयार हो जाए,
तो सुख़न मंजिल से मुझे इंकार हो जाए।
तेरी आँखें बताती हैं तुझे मुझसे मोहब्बत है,
तो आँखें बंद कर भी क्यों न एक हो जाए।

तुम डरते हो इश्क़ से मगर चाहते हो मुझे,
तो एक ही दुआ है मेरी,
तुम्हें मुझसे इश्क़ हो जाए।

छुपके से आ गए तुम मेरे बे-जान दिल में,
अब निकले क़दम तुम्हारे कहीं और,
तो हम काफ़िर हो जाए।

तुझे मैं प्यार करूँ,
और इतना प्यार करूँ।

कि मेरे पिंदार-ए-मोहब्बत को तेरे हवाले करूँ,
तुझे देखा है अक्सर बेगानों की बाँहों में,
फिर तू मेरे पास भी आने की तमन्ना करूँ।
दिल फ़रेब बातें करती रहे तू मुझसे,
फिर भी तेरी हर बातों पर ऐतबार करूँ।

तुझे मैं प्यार करूँ,
कि जान और साँसें भी तुझ पर निसार करूँ।
पता है मेरे दफ़न दिल के क़ातिल हो तुम,
फिर भी आँखें बंद कर तुझ पर ऐतबार करूँ।
गुजारे तू सुबह-ओ-शाम किसी ग़ैर के घर में,
फिर ता-उम्र मैं अपने घरौंदे में तेरा इंतज़ार करूँ।

तुझे मैं प्यार करूँ।

तुझे मेरे अलावा कोई चेहरा न दिखे इस जहाँ में,
फिर मुझ ही में रक़ीब का चेहरा नज़र आए।
तुझसे मिल के पाया कि बेवफ़ाओं की कमी नहीं है इस जहाँ में,
फिर कोई मुझ ही पर इल्ज़ाम लगाए मेरे ही क़त्ल का,
मैं इस बात का भी इकरार करूँ,
तुझे मैं प्यार करूँ।

बेवफ़ा कहूँ तुम्हें ये तुम पर जचता नहीं,
ऐतबार है तुझ पर इतना,
तुम बंद कर दो दरवाज़ा,
मैं दर पर तेरा इंतज़ार करूँ।
दिल है कि जश्न-ए-मक़्तल में गुम है,
कि खुद के पागलपन का इश्तिहार करूँ,
तुझे मैं प्यार करूँ।

कभी-कभी लगता है तुझसे प्यार
याने ख़ुदा से बग़ावत हो,
मुझे तू अक्सर नज़र आता है हर उस चीज़ में,
जिसे ख़ुदा ने मुझसे छुपाया हो।
कोई पूछे सुकून कहाँ है मेरा,
तो तेरे पैरों में मेरा बसेरा कहूँ,
तुझे मैं प्यार करूँ।

एक दफ़ा देखो तो सनम मेरी सादगी,
तेरे उन ख़्वाबों से वादों पर क़ुर्बान कर दी मैंने ज़िंदगी।
यक़ीन इतना था वाक़िफ़ थे
तुम कुछ पल के मुसाफ़िर हो,
फिर भी मेरी मंज़िल तेरे नाम कर दी।
अब के काश मेरे दिलकशी को तू भी याद करे,
मेरे इश्क़ को तू भी अकीदत समझे।
अब ये ख़्वाहिश कि तू कोई रोज़ नज़र आए सामने,
और मैं तुझे पहचानने से इंकार करूँ।
तुझे मैं प्यार करूँ,
और कितना प्यार करूँ।

तेरे इर्द-गिर्द मेरी ख़ुदाई भूल जाता हूँ मैं,
तेरे ग़मों से एक मकान मेरा बना लूँ।
तेरे रुख़्सार से घर में चराग़ जलाऊँ,
तेरी बेवफ़ा हँसी से भी वफ़ा करूँ।
तुझे मैं प्यार करूँ।

कुछ गुमान नहीं है तेरे झूठे बातों पर,
फिर तू मेरे पहलू में है
इस बात का गुरूर करूँ।
तू कहती रहे कि हम हमदर्द हैं,
फिर भी मेरे हर दर्द को छुपा के ही रखूँ
तुझे मैं प्यार करूँ।

तुम्हें पा-ब-जौलां न लगे,
इसलिए कभी मोहब्बत का इज़हार न करूँ।
इश्क़ कर के एक तरफ़ा,
फिर तेरी ही क़ैद में रहूँ।
तुम कितने नज़दीक हो ये मैं जानता हूँ,
फिर कोई पूछे अपने रिफ़ाक़त के क़िस्से,
तो तुझे मैं अपनी दिलरुबा कहूँ।
तुझे मैं प्यार करूँ,
और कितना प्यार करूँ।

मेरे इंतज़ार का सबब पूछ रहे हो तुम,
यानी खुद की मौजूदगी पर सवाल कर रहे हो तुम?
तुम जाओ और शहर शहर मुझसा कोहकन ढूंढो,
क्या हुआ थक कर मेरे ही कुटिया में आ रहे हो?
छुपाओगे कब तक तुम भी "फज्र ",
ये इश्क़ कभी छुपता नहीं।
डरते हो पास आने से,
और दूर जाना भी तुमसे होता नहीं।
रहते हो संग मेरे,
और बातें रक़ीब की होती हैं।
जताते हो हक़ मुझ पर भी,
और यक़ीन करने से डरते हो?
तुम बोल दो झूठ कितने भी जाना,
मुझे सारे क़बूल हैं।

समझते हैं सब चशम-ए-चिराग़ से महरूम मुझे,
शायद तुम्हारे चशम-ए-मस्त से अनजान हैं।
उठी हैं कई लहरें दिल में मेरे,
देखा तो कई और सवाल मौजों पर सवार हैं।
राहत-ए-जान, इस तूफान को ज़रा तसल्ली दो।

अगर मुझसे बेहतर कोई लगने लगे
तो क्या करोगे?
मुझे पता है मुझसी मोहब्बत कोई कर भी नहीं सकता,
मगर तुम्हारे नज़रियों से मैं अनजान हूँ,
फिर मुझसा कोई लगने लगे
तो क्या करोगे?
यार मानते हो अगर तुम मुझे,
और मोहब्बत की तमन्ना भी है,
फिर दोनों भी किसी और में दिखने लगे
तो क्या करोगे?
मेरी तरह ही वो तुम्हें वक़्त देने लगे
तो क्या करोगे?
मोहब्बतों की बहुत सी दुकानें हैं इस नफरत के बाज़ार में,
अगर हर दुकान पर तुम्हारे क़दम ठहरने लगे
तो क्या करोगे?
ये वक़्त बहुत ज़ुल्मी है,
कभी देर कर दूँ मैं,
तो क्या तुम इंतज़ार करोगे?

मालूम है तुम्हें इंतज़ार किसी और का है,
यूं रास्ते में मिला एक ठिकाना हूँ मैं,
तो क्या तुम फिरसे ग़ुमशुदा हो कर
मेरे आशियाने में आओगे?
मेहमान तुमसा न कभी इस खानामान-बरबाद में आया,
क्या तुम अपने तलाश को यहाँ ज़रा आराम दोगे?
तुम जाओगे तो अपने रिफ़ाकत से,
अपने रंग-ओ-नूर से हर कोना रंग दोगे?
वादे ना करो फिर लौट आने के,
ये दिल तो अक्सर वादों से ही टूटता है।
इखलास, मोहब्बत, दुश्मनी
सब सजदे हैं तुम्हारे,
तो क्या तुम अक़ीदत का तीर छोड़ दोगे?
एक छोटी बज़्म है "फ़ज्र" मेरे पास यारों की,
मगर ग़म के ख़ंजर चलाना किसी को आता नहीं।
तुम सिखा दो उन्हें एक दफ़ा लफ़्ज़ों के तीर,
फिर देखते हैं मुझ तक आते हैं या नहीं।

सुना है तुम अब मुहाजिर हो गए हो पराए मुल्क के,
अरसों बीत गए तुम्हारे आँखों से गुफ़्तगू कर के।
पराया भी कैसे कहूँ उस शहर को,
जहाँ दिल तुम्हारा बसता है।
कहते कहते के हम बीच कोई गैर है,
सोचा तो समझा वह शख़्स मैं ही हूँ।

फिर कभी एक उम्मीद की फिज़ा आती है तुम्हारे ज़ुल्फ़ों से उतर कर
मेरे शर्मसार गली में,
एक गूंज सुनाई देती है,
मिलेंगे फुर्सत से कभी जब तुम्हारे दिल से उतर जाएंगे।
डरते हो शायद कहने से,
के शमशान में भी अपनी मुलाकात न हो।
दुआएं हैं के तुम फिर भी मेरे पहलू में रहो।
अगर गुम हो जाऊं मैं तलाश-ए-शिफा में,
तो फिर एक बार तुम हिज्र के राह पर मिल लो।
जो बोझ है नैनों में ना जाने कितने गर्दिश-ए-माह-ओ-साल से,
इस बार तेरे शाने पर इन्हें बहने दो।

क्या जवाब दूं दुनिया को, इससे मुझे मतलब नहीं,
लेकिन कैसे समझाऊं खुद को,
एक इखलास में दिल हारा हूँ।
समझाया बहुत खुद को,
मगर इस बार तुम भी जरा समझा दो।
ये दिल-ए-नादान तुझ पर एतबार बहुत करता है।

देखा है खुद को पहले से ही तबाह तेरी आँखों में,
फिर भी बरबाद होने की चाह खत्म नहीं हुई।
मिल के बिछड़ गए यूं
जैसे बाद-ए-फिराक से दरख्त-ए-जर्द के पत्ते-ए-आवारा बिछड़े।

तू आए कई रोज और दिए गुलाब जलाए,
फिर उससे महकते खुशबू से मैं प्यार करूं।
तुझे मैं प्यार करूं,
और कितना प्यार करूं।

मुस्कुराए थे तुमसे मिलते वक़्त,
रो न पड़ते अगर खुशी होती?
वाक़िफ़ तो थे के आख़िरी मुलाक़ात है,
सीने से न लगाते अगर ये तुम्हारे अल्फ़ाज़ होते?

रोकता भी कैसे तुम्हें "फ़ज़्र",
तुम सफ़र में थे,
रुका हुआ था मैं,
तुम ज़माने से आगे थे,
और गुमशुदा मैं।
तुम नए इरादों की जुस्त-जू में थे,
और पुराने ख़यालों में भटका हुआ मैं।
तुम रिफ़ाक़त के क़रार-ए-बज़्म में थे,
और हिज्राँ की वहशत में मैं।

तुम देते रहे हाथ रोकने के लिए,
मगर थामने की जसारत कर न पाया मैं।
जो ख़याल-ए-बशर से भी दूर जा रहे हो तुम,
कुछ मेरे यादों का कारवां भी तुम्हारे संग देख रहा हूँ मैं।
क्या बाकी बच गया है पहलू में मेरे,
फ़रेब-ए-नज़र से सिर्फ़ तुम?

मंज़र-ए-शब-ताब से देख रहा हूँ
मंज़िल-ए-नूर।
देख रहा हूँ एक छोटे से कुटिया में
ख़ुश रहते हम।
इस तिलिस्म की जुस्तजू में निकला है हमसाया मेरा एक,
असलियत से हैरान हो कर लौट आया है बे-दिल आदम एक।

ये मुड़ कर दफ़तन किसे देख रहे हो,
यादों से आगे जा नहीं पा रहे या
मुझे और पास बुला रहे हो?
बढ़ रहे हैं मेरे क़दम तेरी ओर अरसों से,
मगर ये दरमियां फ़ासले तुम तो नहीं ला रहे हो?

दिल-ए-नादान फ़क़त तेरी उम्मीद से चल रहा है,
मगर मौज-ए-हवा-ए-कू-ए-यार महसूस हो नहीं रही है।
क्या तुम मुझे बुलाना मेरा भरम था?
फिर बात निकली के तुम्हारी सवारी दूसरे मुल्क निकली है।

राह में मिले मुझे मेरे ही हमशक्ल अक्सर,
पूछूं अगर पता तुम्हारा तो दिल कह देते हैं।
दिल भी क्या बतलाएगा तुम ही सोचो ज़रा,
वो ही बारहाँ कहता है जाना तो तुम भी नहीं चाहते,
तो फिर ये दूरियाँ क्यों हैं?
मोहब्बत नहीं है मुझसे,
तो फिर इतने नज़दीक क्यों थे?
जब जाता था किसी और के पास,
तो फिर इतने जलते क्यों थे?
ख़्वाब जैसे हो तुम,
जो कुछ पल के हमनशीं हैं,
तो क्यों ये ख़्वाब में भुला नहीं पाता?
नूर-ए-चाँद हो तुम,
तो क्यों ये मेरे आसमान में नहीं आता?
दरमियाँ था ही नहीं कुछ अगर,
तो फिर आँखों में तुम ही क्यों थे?
छू के देख लूं तुम्हें एक आख़िरी बार,
क्या सच में तुम मेरे पास थे?

तुम हो फ़राख़-दिल मगर

जाना उतने ही बे-मुरव्वत हो।

जब कोई नहीं था सोगवार जनाज़े पर मेरे,

तो हँसते रक़्स करते इर्द-गिर्द तुम ही क्यों थे?

फिर बात निकली के ख़ामोशी के परेहां में रहते हो तुम,

तो ये रम्ज़ मेहरबानी के किसके थे?

मौतम'इन नफ़स निकहतें हैं मेरे,

बाज़्म-ए-सोगवर भी सोग मनाने ख़ामोश है।

कौन है पास मेरे,

कौन थे हमनफ़स मेरे,

बोझल हो गए हैं लिबास मेरे,

भीग गए हैं यारों के रहमों से।

कितने मुश्किल से आज आसमान सितारों से पोश है,

कितनी आसानी से बेक़रारी के बरसात में जलाया गया है।

ढूंढ रहा हूँ तुम्हारे बातों से सबब,

फिर हर बूंद ने हिज्र के किस्से सुनाए हैं।

और भी अज़ीयतें थीं बरसाने जाना,

मगर अब्र-ए-करम से तुम ही क्यों बरसते रहे?

ये जो तुम्हारे ख़ामोशियों का आलम है,
कौनसे नए कहानी का आग़ाज़ है।
मुनाज़रा तो फ़ितरत है तेरी,
तो ये बातें कबसे छुपा रहे हो?
छोड़ के अपने गुलपोश महल को,
मेरे ग़म-ए-ज़ार क़स्बे में बार बार क्यों आ रहे हो?
ख़ामोश न रहो कमरे में मेरे,
ये दीवारें आँखें पढ़ लेती हैं।
छोड़ जाओ मुझे फिर हुज़ूम में तेरे,
अब मुझे दूरियों की आदत है।
अगर हाल-चाल पूछने यूँ ही चले आओ कभी,
ख़ुशियों के सिलवट में दिख जाऊंगा मैं।
ज़रा फुर्सत से बता दो मुझे,
इस कहानी का अंजाम क्या है?
ये जो तुम्हारे ख़ामोशियों का आलम है,
इसमें मेरा गुनाह क्या है?

आदत,
आदत ये मेरे अकेले का गुनाह तो नहीं,
ग़म-गुसार सिर्फ़ तुम भी तो नहीं।
आदत भुलाना चाहते हो मेरी?
मगर तुम्हें मुझसे ज़्यादा जानता भी तो कोई नहीं।

कोई कह दो चारा-साज़ को,
ये फ़ासलों की दवा मुझे न दो।
ग़ुबार हूँ इस दवा से कबसे,
मुझे "फ़न्न" क़ुरबत की दुआ दो।
तमन्ना न करो मरम्मत की,
ये कहानी भी तो एक हादसा है।

आज़मा कर देखा मैंने सारे नुस्खे,
लेकिन तुम्हें ज़ेहन से कभी उतार न पाया।
कौन जाने कितने मीलों दूर हो तुम,
लेकिन वास्ता फ़ुर्क़त के सिवा कोई न आया।
ता-हाल आँखें तेरी राह में हैं,
लेकिन तेरे नाम का कोई ख़त न आया।
परवाने जो अक्सर मिलते थे चौराहे पर,
अब देखते ही मुझे मुरासलत ख़ुद से कर लेते हैं।
सोचता हूँ कि पूछूँ कभी उनसे हाल तुम्हारा,
मगर मेरे दहां-ए-ज़ख़्म भी पूछने देते नहीं।
मुझे शक़ बहुत है इन दूरियों पर,
लगता है कि जैसे तेरे पास कभी रहा ही नहीं।

भूल जाऊँ मैं तुम्हें,
या ख़ुद को भूल जाऊँ?
इश्क़ करूँ तुमसे,
और तबाह मैं हो जाऊँ।
ये सारी ग़ज़लें तो तेरा ही चेहरा हैं,
इन्हें मैं भूल कैसे जाऊँ?

इश्क़-ओ-नफ़रत के सैलाब में तैर रहा हूँ मैं,
क़त्ल कर ले जाने ही सही,
तुम बगला बन के आना।
घुटती हैं साँसें मेरी,
मौत जैसे मेरे सामने है।
तू होगी नज़रों के सामने अगर,
तो मरने में कैसी नाराज़ी है।
जो कुछ आख़िरी पल हैं मेरे पहलू में,
उन पलों में तुम्हें याद करूँ।
भूल जाओगे तुम भी मुझे इस बात से मैं हैरान नहीं,
इतने बसे हो तुम दिल-ओ-दिमाग़ में "फ़ज़्र",
कि मैं मिट्टी में रह कर भी ख़ुदा से तुम्हारी बातें करूँ।

बाद-ए-नौ-बहार बदल गए कितने गर्दिश-ओ-माह-साल में,
लेकिन तेरी बहार-ए-ख़ुशबू आज भी याद है।
महरूम हूँ तेरी यादों से,
अफ़सोस के हम बहुत कम मिले,
मगर जितने भी मिले हम उतने पास-ए-वफ़ा से मिले।
दिलकशी, उन्स, इश्क़, अक़ीदत कहीं अधूरे ही रहे,
लेकिन तुम भी तो मुझे कभी पूरे नहीं मिले।
कारवां-ए-हम-सफ़रन ग़म के मिले,
जितने राह उतने राह-ए-शीशे मिले,
मगर किसी भी शीशे में तुम्हारे अक्स नहीं मिले।
जश्न-ए-मक़्तल में सजाया है हर शब-ए-हिज़्रां को,
लेकिन जितने मिले ख़ुम उतने कम मिले।
मिले हम "फ़ज़्र" क़यामत में मिले,
संझते संवारते इक दूजे को,
एक मलाल-ए-इश्क़ के पेहराने में मिले।
जो भी मिले मुझे आज तक सब बेगाने ही मिले,
और तुम भी जाना दिल-फ़रेब ही मिले।

जब भी बात होती रही मुलाक़ातों की,
हर वक़्त आँखों के इनकार मिले।
क़तार कुछ भी नहीं थी चाहने वालों की तेरे दिल में,
फिर बात निकली के हम बहुत देर से मिले।

एक आरज़ू है के तुमसे सताइश मिले,
रक़ीब से मुझे थोड़ी राहत मिले।
यादें संभाल कर रखी है तेरी,
तेरे ख़त, बो.आद भी दिल के दराज़ में मिले।
याद करता रहा मैं तुझे हर पल,
मगर अश्क भी मुझे गाहे गाहे मिले।
एक दरिया है मेरे पास तुम्हारे नाम का "फ़ज्र",
मगर अर्ज़ एक कश्ती बेबसी सी मिले।

आस लगी है तुम्हे फिर एक बार आखरी बार मिलने की,
भूल कैसे जाऊं के तुम्हारे पास बज़्म-ए-वकील भी है।
हक़ीक़त में क़ुर्बत तो न-मुमकिन है जैसे,
क्यूँ न ए दोस्त हम ख़्वाबों में मिले।
लहज़ा भी कुछ एक सा होने लगा है अपना,
सोचूँ तो ख़याल-ए-मुक़द्दर अलग है।
तुम्हे तुम्हारी आज़ाद-ए-गैर-रस्म-ए-मरासिम मुबारक हो,
और मुझे दौर-ए-ग़म-ओ-आलम मिले।
मैं चाहता हूँ के तुम्हें जहाँ-ए-शौक-ओ-तमन्ना में सब कुछ मिले,
और मुस्कुराते तुम मुझसे तक़दीर में मिले।

राह-रौ हो तुम जावेदान इश्क़-ओ-मोहब्बत के,
और कुछ दूर का मुसाफिर मैं।
तुम कहते रहे साथ चलना, तन्हा थोड़ा डरते हैं,
ऐ दिल तो तेरे सुख़न में ढलता है,
मगर दिमाग में बातें चलने लगीं
तुम्हारे सफर में कोई गैर बन के मैं क्यों आऊं?
तुम मेरे दरमियान नहीं आए,
तो मैं तुम्हारे मंजिल के बीच क्यों आऊं?
नहीं होती मुझसे का कार-ए-दोस्ती "फ़ज़्र",
तुम्हारी मोहब्बत के राह में क्यों आऊं?
अगर तमन्ना है तेरी मुझे आज़ाद देखने की,
तो साथ चलते तुम्हारे, ग़म के क़ैद में क्यों रहूं?

जानता हूँ के मैं जुदा हूँ तुमसे,
लेकिन जुदा लगता नहीं।
तेरी मौजूदगी भी अब महसूस होती नहीं।

अपनी कहानी लिख कर हो गई है पूरी,
फिरसे कब पढ़ूंगा मालूम नहीं।
बज़्म जमी है माज़ी-ओ-मुस्तक़बिल आनो की,
दास्तानें मिट गई है अपने सारे वस्ल की,
ये गर्दिश अपने हिज्र की कभी ख़तम होगी नहीं,
मैं भी तो तेरा हमसाया जचता नहीं।

वीराने में ख़ोज़ जारी है तेरी,
लेकिन चराग़ाँ तेरा कहीं दिखा नहीं।
जो समझता था हो गई है कहानी पूरी,
लगता है अब भी कहीं अधूरी ही रही।
सू-ए-दार चले हैं मांग में मर्ग-ए-ना-गहानी के,
दान में मिली फ़िराक़ अपने रफ़ाक़त की।
जावेदां अश हूँ मैं तेरा,
मगर तेरे कू-ए-यार पर मैं नहीं।
मिन्नतें हैं के हमें और थोड़ा वक्त मिले,
जो झुकता हूँ आगे तेरे याने सजदा तो नहीं।
ठहर जाओ कुछ पल के लिए और,
इन ख्वाबों को दफ़न कर देते हैं,
क्या बतलाऊं सबब इन फासलों का,
रिश्ता बे-नाम के सिवा और कुछ था भी तो नहीं।

भूल जाता हूँ मैं दुनिया को,
जब तू सामने नज़र आता है।
मगर जाना भूल जाते हो तुम मुझे,
जब सामने रकीब नज़र आता है।
बरहम-ओ-दरहम में,
तुझे छोड़ने और पाने में।
मगर भूल कैसे जाता हूँ मैं,
तुम रहते हो सर-ब-सर किसी और के बाँहों में।
तेरा इंतजार बड़ा ज़ुल्म करता है मुझ पर,
लेकिन तेरे दीदार का मारा मैं।
एक आख़री बार गले लगाने का वादा तो कर,
कबर से उठ आ जाऊँ मैं।

इलज़ाम बहुत लगे मुझ पर,
सबूत में आँसुओं के दरिये मिले।
निचावर कर दिए मेरे अरमान सारे,
बदले में हसरत मिले।

सुना है अज़ीयातों से परेशान हो गए हो।
इस मुश्त-ए-ग़ुबार से परेशान हो गए हो?
इंतज़ार कर रहा है ज़माना
तेरे मुज़्दा-ए-इशरत-ए-अंजाम का,
और तुम हमनवा के तलाश में जा रहे हो?
कभी देखो तो मेरे गली के तरफ भी "फ़ज़्र",
साँसें चल रही है मगर मौत जी रहा हूँ मैं।
है निभे हम मगर फिर भी,
जोश-ए-क़दह में दिन रात गुज़र रहे हैं।

खत कितने लिखे हैं तुम्हारे लिए आज तलक,
आज सब दराज़ से बाहर निकाल दूँ क्या?
दिन रात गुज़ारे तुम्हारे इंतज़ार में क्या?
क़रार मिल रहा है किसी और के पहलु में क्या?
जलते शमाँ को फिरसे बुझाऊँ मैं,
एक चिराग से पूरे ख्वाबों को जलाओगे क्या?
गुल-पोश बाग़ तेरे हतेलियों पर,
मगर खरज़र शाख़ ही मिलेंगे बाग़ाबान को क्या?
फकीर बने घूमता हूँ तेरे शहर में,
दोस्ती ही दोगे दान में क्या?
मुझसी मोहब्बत करके दिखला दो तो जाना,
देखते हैं तुम्हें तुम्हारी मोहब्बत मिलती है क्या?

सुना है बहुत चर्चे हैं तेरे यारों में अपने,
मगर कोई हमारा रिश्ता सच में जानता भी है क्या?
कहते हो अकसर ग़म में रहते हो,
मेरे खुशहाली के लिए दूर जा रहे हो,
क्या कभी वादे भी याद आते हैं क्या?

कुछ नहीं रहा जो दरमियान
इसमें ख़सारा सिर्फ़ मेरा ही है क्या?
भूल कैसे जाऊं मैं ये फ़रेबी बातें जाना,
कुछ और याद दिलाना है क्या?
ख़याल-ए-बशर से दीवार बन रही है एक,
कभी सुनाई न दे तुम्हारी आवाज़ तो फिरसे दोहराओगे क्या?
मरम्मतों का ये बरपा ही सही,
कुछ आख़री शिकवे करने हैं क्या?

ये किताबों की कहानियां,
किताबों में ही सही।
मोहब्बत के नग़्मे,
ग़ज़लों में ही सही।
दिल-लगी शायद मेरी तक़दीर में नहीं,
कोई आता है वफ़ा की उम्मीद लेकर,
मगर कार-ए-वफ़ा मुझसे होती नहीं।
दिया था उस मशाल-ए-महताब को
जो भी था टूटे मकान में मेरे,
अब मैं फ़क़ीर तो फ़क़ीर ही सही।
आए कोई फिर लेकर मोहब्बत का पैगाम,
मगर अब ये दिल इश्क़ जानता नहीं।

तेरी परछाई दिखती है मेरे हर नग़्मे में,
तेरा चेहरा दिखता है मेरी हर किताबों में।
जुस्तजू लगी है दुनिया को तुझे देखने की,
"फ़ज्र", तू ज़माने के लिए तो आ,
हम थे क़ुर्बत सबको साबित करने के लिए तो आ।
जो कहते हैं मजनू सब मुझे,
तो तेरे अर्श से उतर कर लैला बनके आ।
ग़मगीन ना होना तेरा ज़िक्र देखकर क़सीदों में,
तेरी कहानियां ज़ुबानी सुनाने के लिए आ।
उधार लिए तेरी यादों को आराइश जैसे पहन रहा हूं,
फिर ले जाने ही सही आ।
कहता है ज़माना, मेरा मिज़ाज कुछ तुझसा है,
अगर लगने लगा हूं सबको तुझ जैसा ही सही,
तो खुद का अक्स देखने के लिए तो आ।

दिलों में जलते हुए अरमान सँभाले,
मुस्कुराई ज़िंदगी मगर चराग़ न बुझाए।
इंतज़ारी की ज़रूरत है शम्मे को जलाए रखने के लिए,
तुम बस कह दो थम जाओ यहीं सही।
हो गया मैं भी ज़माने का हिस्सा,
फिर भी तुमसे मुलाक़ात नसीब न हुई।

छोड़ कर मेरा दिन-धरम, जाऊँ मैं कहाँ?
जाऊँ दुनिया के किसी भी कोने में,
आती है तेरी ख़ुशबू वहाँ।
तेरी यादों से दूर जाऊँ तो जाऊँ कहाँ?
मिले तू मुझे, ऐसी जगह भी है कहाँ!
मेरे रूह-ए-जाँ में रह रहे हो तुम,
यानि मौत के बाद भी मुझे छोड़कर तुम जाओगे कहाँ।
बेवजह वजह ढूँढता रहा मैं फ़िराक़ की,
फिर याद आया, तुम आए ही थे कहाँ।

एक ख़त आया है तेरा अर्सों बाद।
तुमने मुझे लिखा है:
"दिल-ए-ज़ार ग़म अपने हिज्र का ज़्यादा हुआ तो नहीं,
सही थे तुम,
मेरे अज़ीयतों से ज़्यादा हुआ नहीं।
आदतें तेरी भुलाने जैसी थीं शायद,
कुछ पल से ज़्यादा याद कभी आई नहीं।
मसरूफ़ रहती हूँ अपने शहर में मैं,
इससे बेहतर दवा कोई मिली नहीं।
ग़म-ए-फ़िराक़ छीन लिया मुझे गाहे-गाहे,
सही थे तुम,
हम तक़दीर में कभी लिखे थे ही नहीं।
एक दिल लगी थी तुमसे ज़रूर,
यानी मोहब्बत थी ऐसा तो नहीं।
जान लो तुम भी मुझे कभी,
मुझे भी इंतज़ार किसी और का है,
मगर वो तुम तो नहीं।
हो गई मैं मुहाजिर मेरे राहत-ए-जाँ के शहर में,
लेकिन ग़म के उसके दिल में नहीं।
जला दो ये ख़त मेरा,
हम शायद अब कभी मिलेंगे नहीं।
दुआ करते रहो फिर से मुलाक़ात की,
शमशान के सिवा कोई जगह शायद रहेगी भी नहीं।
भूल जाओ यारा अब तुम भी मुझे,
शुक्र मनाओ कि आज याद से ख़त लिखा तुम्हें।"

एक दाग़ है ख़त पर "फ़ज्र",
किसके आँसुओं का है?
उतारना चाहते हो दिल से मुझे,
या दिल के जज़्बात उतार रहे हो?

मैं भी कुछ बोलूँ तुमसे,
तुम आज भी मेरी रूह-ए-जाँ में रहते हो।
तुम जाओ और हर गली-क़स्बे में अपनी मोहब्बत ढूँढो,
सुना है कि अब उसे हर महफ़िल में खोया देखते हो।
मुझे ख़ुशी है कि तुम मिले मुझे,
था सफ़र कुछ दूर का ही मगर,
दिल में तुम ता-उम्र रहे।
ये मेरी कोई दुआ का असर तो नहीं,
कि मुझसे पहले कोई मिला तुम्हें।

बहुत मौजज़ा के आज हमसे बात करने आए हो,
लगता है बहुत भीड़ थी दुआएं करने वालों की,
जो मुझे याद करते-करते अरसे बाद आए हो।
नवाज़िश-ए-मुख़्तसर में फ़रमाइएगा ख़ैरियत,
हमें हमारी अज़ीयतों से फ़ुर्सतें नहीं।
रम्ज़ भी कैसे रम्ज़ हैं तुम्हारी दोस्ती के,
जो फिर रंज-ओ-ग़म देने आ रहे हो।
लगता है दुनिया से क़ुर्बत आज़मा कर आए हो,
या एक आख़िरी बार हसरत-ए-हमनशीं को अलविदा कहने आए हो।
बिछड़े लम्हों में जीने की ताब कहां होती है,
मुस्कान लेकर लबों पे, अब कौन से ख़ंजर साथ लाए हो।
ज़ख़्म दिए तुमने नादानी में "फ़ज़्र",
क्या आज उन्हें फिर से ताज़ा करने आए हो?
नज़रें झुकी हैं, मगर दिल में तूफ़ान है,
तुम्हारे आने से मौसम भी आज कुछ ग़मगीन है।
बेसूद ये जहां मेरा,
रंगरेज़ क्या फिर से क़रवा-ए-जां से रंगाने आए हो?
तुम्हारे कदमों के तले कुछ हसरतें दबी हैं,
जो तुम कभी निभा न पाए, न हम कभी भुला पाए हैं।
लगता है तुम क़र्ज़-ए-यारी चुकाने आए हो,
या एक नई दास्तां सुनाने आए हो।
जो सुबह-ओ-शाम तुम्हारे संग गुज़री हैं,
आजकल बहुत याद आती हैं।
क्या मेरी क़रया में तुम फिर से मुहाजिर बन के आए हो?
हम तो उसी मोहल्ले के मोड़ पर खड़े हैं इंतज़ार में,
लगता है तुम फिर से एक काफ़िला बन लौट आए हो।

सुना है तुम फिर लौट आए हो,
जी नहीं पाए रिफ़ाक़त के सिवा,
फिर मुझे भी जाबजा ढूंढ रहे हो।
तय की है मुलाक़ात आज फिर से उसी जगह,
क्या बताएं कितने मौसम-ए-हिज्रां बीत गए
तेरे जाने के बाद यहाँ।
संग-दिल बनाकर आया हूँ ख़ुद को,
ये थोड़ा रहम तो तेरा ही है।
अपने दस्त-ए-वसल का रास्ता आरास्ता है।

मेज़बानी के लिए साथ दोस्त लाए हो?
वसल की तश्र-ए-लबी बुझाने साथ फ़िराक़ लाए हो?
ये बज़्म जो दिख रही है वो अपने यादों की है?
या मुक़दमे में चशम-पोशी वकील साथ लाए हो?
शिकस्त कर देता हूँ ख़ुद को,
अवहाल में बस हसरत वादे हैं।
तस्सुब भी कैसे कहूँ तुम्हें "फ़ज्र",
ये तो माज़ी फ़र्द-ए-'अमल है।

घर बन गया है मेरा अब ये क़फ़स,
इसका असीर ईमानदार मैं बहुत हूँ।
इतना बता दो मुझे,
दुआएँ करता रहूँ तुम्हारे ख़ुशमाल के,
या मेरी ज़मानत की तमन्ना करूँ?
ये क़ैद भी कैसी क़ैद है?
आज़ाद तो हूँ मगर ज़माने में हूँ।
और पैर भी मुस्तक़बिल ऑन की ज़ंजीरों में फँसे हुए।
रख दिए हैं मेरे सामने हमारे माज़ी के पल,
कहते रहे गिरया न करो,
ये तो बस तोहफ़ा है।
बिता दो कुछ लम्हे उसके साथ,
यही तुम्हारी सज़ा है।

दिल-ए-ख़ुशफहम के दस्त-ए-दुआओं को मिले हैं ख़्वाब रज़ा-रज़ा,
आए वो पहलू में फ़राख़-दिल फिर भी लगे जुदा-जुदा।
तल्लुक़ का ये वहम था या फिर कोई फ़रेब-ए-जात?
सच लगने लगा हर सुना मोहब्बत में वफ़ा-वफ़ा।
उसके ख़ुशी के साये में रहता है ग़म का आशियाँ,
तक़दीर-ए-इश्क़ में लिखे हैं लम्हे दरा-दरा।
वो चंद कदम जो पास आया वो रहगुज़ार कहाँ गया?
परवाना क़रीब आते-आते बिछड़ गया, रहा दिल में गिला-गिला।
चमक रहा है दर्द किसी चराग़ में छुपा हुआ,
हमारी दास्तान-ए-वसल भी हो गई है हवा-हवा।
हज़ार दुआओं का भार था, कुछ यक़ीन-ए-वफ़ा का शुमार था,
मगर जो मिला वो बस सब्र था, रहा वफ़ा में क़ज़ा-क़ज़ा।
राहों पर मील का पत्थर कभी नज़र न आया,
मंज़िल नज़र आती रही हर मोड़ पर,
मगर हमसफ़र धुंधला होता रहा ख़ता-ख़ता।

अब चश्म-ए-तर में है फ़क़त

वो एक साफ़्फ़ाक मंज़िल-ए-सहर,

मगर दयार-ए-शाम होते अज़ियातों के साहिल पर खुद को देखा।

फरियादें जितने किए उतने कम ही रहे,

अर्श पर खुदा से पहले भी तुझे देखा।

रात की तन्हाई में जब खुद को सजदा दिया मैंने,

तब एक चराग़-ए-बेवफ़ा वहम जलता देखा।

हवाओं से रफ़ाक़त कर के आए हो दिल बहलाने के लिए,

मगर बाद-ए-इश्क़ के नक़ाब में बाद-ए-फ़रेब देखा।

नफ़रत के बाज़ार में

उसके अहल-ए-दिल दुकान को क़र्ज़-ओ-कार-ए-मोहब्बत के बज़्म से भरा देखा,

जब आया मैं पैग़ाम लेकर तोहमत का,

तो राफ़्ता-राफ़्ता हमनवाँ को फ़रार होते देखा।

दस्त-ए-हवा ने छिन ली जब मेरे ग़म की परछाइयाँ,

दामन से निकलते मेरे निग़ार-ए-अजल को देखा।

शाम-ए-ग़रीबाँ का साथी रहा मैं यारों का,

हैरत नहीं के रिंद में सबको साथ छोड़ते देखा।

कुछ कमी हो गई है मुझसे दुआओं के सिलसिले में,

यूं के अरसों से बस तेरे लौट आने का इंतज़ार देखा।

सारी मंज़िलें तेरी हैं,
सारे रास्ते भी तेरे हैं।
कहीं आ जाऊँ बीच में,
ऐसा शहर मेरा है।
दूरियों का फ़ैसला है मगर,
तेरे संदल पाँव के निशान अब भी मेरे दिल में हैं।
काफ़िला है ख्वाबों का संग तेरे,
आराम हूँ इन्हें शहर में मेरे।
पलके बंद कर एक दफ़ा देखो तो जाना,
शायद छुपी हो कोई दास्तान हमारी।
जा रहे हो?
कुछ यादें मेरे लिए रख जाना।
रुक जाए वक्त कुछ देर के लिए,
यही आरज़ू है मेरी।
मिल जाए तेरे जुस्तजू को सबब मेरा,
बस यही दुआ है मेरी।
जो हो पूरी,
वो दुआ भी कैसी।
अधूरी रही मेरी हर ख़्वाहिश,
तम्मना अब कोई करूँ भी कैसी?

रंजिश मोहब्बत में क्यूँ करे,
इश्क़ है तो इनकार क्यों करे?
चाहत है तो इलतिजा क़ुरबत का क्यूँ न करे,
दाद-तलब फ़िराक़ की क्यूँ करे?
दिन गुज़र गए अपने बशारत के,
अब सामने आने की जसारत क्यूँ करे?
सोचता हूँ के दुआओं में तुम्हें कब तक याद रखूँ,
तुम भी हो गए हो ख़ुदा, अब याद क्या करे?
सुना है कि तुम आजकल अख़बार पढ़ने लगे हो,
तो हम भी अपनी दास्तान-ए-वस्ल-ओ-फ़िराक़ का इश्तिहार क्यूँ न करें।
रफ़ीक़ से भी कर रहे हो तुम तकल्लुफ़, पिहरवा,
तो हम तेरे शहर में इख़लास की उम्मीद कैसे करें?
तुम हक़ीक़त से ज़्यादा रहे दिल-ओ-दिमाग़ में ख़्वाब की तरह,
अब छोड़ दो यादों का हिसाब क्यूँ करें?

सुना है तुम सबा में ढूंढ़ रहे हो नफ़स मेरे,
इतनी सादगी से जो पुकार रहे हो,
तो हम भी शमशान से निकल दीदार क्यूँ न करें।
सिलसिले जो हैं फ़ासलों के दरमियान अगर,
तुमसे लज़्ज़त-ए-इश्क़ मुक़म्मल न हुए,
तो तेरे बिन ये सफ़र मुक़म्मल क्यूँ करें?
इश्क़ के इबादत के थे लम्हे जो साथ गुज़रे,
अब उन लम्हों की तोहमत क्यों क्यूँ करें?
छोड़ कर दुनिया मेरी तेरे अर्श पर रहा हूँ मैं,
अब जो तू नहीं तो इस दर्द का इज़हार किससे करें?

निकले हम तुम्हारे अर्ज़-ए-शौक़ के तलाश में,
मगर मिले जो राह, सब राह-ए-आम मिले, अब क्या करें?
हो गए तुम भी फिर जान से अनजान,
अब शिकवे सफ़र के किससे करें?
शिकस्त-ए-दिल है मगर फ़िक्र क्यूँ करें,
हर बरबत जो बाज़ा था अब हमसे है बेगाना, क्या करें?
तुमसे ज़्यादा रहे हम ग़म के रक़ीब,
अब ग़म से फ़ासला क्यूँ करें?
तुम्हारे बिन ज़िंदा है मगर ज़िंदा दिल नहीं,
अब हम अपने धड़कनों का बरपा क्यूँ करें?

खराबात में देखा है तुम्हें इस दिल-जु ने "फ़ज़्र",
कोई दिल-जादा दिखा नहीं सिवा तुम्हारे हम-रक्स के।
इरादतन आया मैं हाल-ए-दिल का सबब पूछने,
बारहान आया मैं बेख़लिश ख़लवत-ए-ग़म में।
कोई चरा-गर नहीं है तुम्हारा रक़ीब के अलावा,
फिर रबत मेरे तिमार का भी है।
हर मरतबा कोशिश की ज़ख़्मों को भरने की,
हर दफ़ा तुम्हें तुर्बत में पाया है।

टूटे मेरे दिल का मरहम मैंने तेरे हर ज़ख़्म में पिरोया है,
बाकी बचे टुकड़ों को मैंने अपनी ही आँखों से बहाया है,
सरकुशी जैसी है तु,
जो चंद लम्हों के लिए साथ है,
मैंने अपने ख़्वाबों में उसे हमसफ़र बनाया है।
सोचता हूँ मैं तुम्हें संग,
देखता हूँ मैं तुम्हें संग,
महसूस करता हूँ मैं तुम्हें संग,
गुज़र रहा हूँ सुबह-ओ-शाम सिर्फ तुम्हारे संग।

बस-सर-ए-आम में इल्लान है हमारे ख़लवत के,
क़शक है अब मेरे ज़ात पे।
तुम्हारे तवाफ़ की गवाही कैसे दूँ?
गुरेज़ कर रहे थे तुम,
अब ज़माना भी कर रहा है गुरेज़।
चशम-ए-गुहार-बार भी थक गए हैं अब,
अब ये गुलाबी आँखें किसी के नज़र में नहीं,
कैसे यकीन करूँ कि ख़्वाब थे तुम,
हक़ीक़त नहीं।
बस एक शेर थे, हर्फ़-ओ-कसीदा नहीं।

मेरी हर दुआ में तेरा ज़िक्र है,
ना तू महबूब की दुआ कर।
कितना बिखरा देखूँ ख़ुद को तेरे दर पर,
कभी तो तू भी समेटने आया कर।
रंग चुका हूँ मैं तेरे रंग में,
यूं ना तू रंग बदला कर।
एक आख़री बार देख तो ले मुझे,
तेरे नज़र की क़ैद से आज़ाद तो कर।

दिल में जान-ए-वफा उम्मीद आज भी है,
तू आए ये कहे के वफा आज भी है।
तुम जब भी आओगे,
तो सिर्फ मेरा होकर आना,
इस जनम न सही,
कभी तो आंसू रोकने आना।
तुम जब भी आओगे,
थोड़ा वक्त लेकर आना,
थोड़ा सब्र लेकर आना,
थोड़ी अनकही बातें,
थोड़ी नज़रों की खामोशियाँ लेकर आना।

थोड़े बिछड़े वादे,
थोड़े नए ख़्वाब लेकर आना।
तुम कुछ सपनों की कहानियाँ लेकर आना,
मैं कुछ किस्से ले आऊँगा।
जैसे हुई थी पहली मुलाकात फिर से उसी तरह आना,
इस बार थोड़ा वक्त लेकर आना।
तुम मुझे पहली मोहब्बत समझके आना,
मैं तुम्हें आख़िरी समझके आऊँगा।
बस तू मुझसे रिहा होने की बात छोड़के आना।

मुझे अफसोस है तुम्हारे अधूरे चाहतों का,
इस बार रक़ीब को छोड़के आना।
कहते हो देर कर देता हूँ मैं,
इस बार तुम पहले आना।
कार-ए-वफ़ा देखी है मैंने बहुत सी "फ़ज्र",
इस बार वो नक़ाब उतार के आना।
आंसू देखे हैं तुम्हारी आँखों में अक्सर मैंने,
इस बार कुछ ख़्वाब उन में सजा कर आना।
थक गया हूँ मैं ज़माने के कश्म-ओ-कश से,
थोड़ी राहत-ए-जान बाँहों में भर आना,
मगर फिर भी,
ज़्यादा कुछ उम्मीद नहीं है तुमसे,
बस आरज़ू के हुजूम में सिर्फ मेरे पास आना।

असल में एक ख़्वाब है ये सब,
जो हर बार टूटेंगे,
फिर भी "फ़ज्र",
जब कभी आओगे सिर्फ मेरा होकर आना।

इंतिहान इस सब्र का मुझे मिलेगा क्या?
फुर्क़त के सिवा मेरे नसीब में क्या।
था जो ये सब एक फ़साना था साहिबा,
ख़त्म हो गई जो दास्तान,
उसे फिर दोहराना क्या।
मुक़ाबिल था जहाँ ये मुझसे,
शामिल हो गए तुम भी उनके महफ़िल में क्या?
तन्हा फेंक जाते हो और कहते हो,
ख़ुशियाँ समेट लेना
यही दिल-लगी थी तुम्हारी क्या?
सबर करूँ कब तक इस सबर ख़त्म होने का,
तुम फिर लौटकर आने वाले भी हो क्या?

चार-सू दिख रहा है हर कोई हमशक़्ल तेरा,
लेकिन तुझ-सी बाद-ए-सबा किसी में भी नहीं।
शुमार-ए-शौक़ में भूल गए तुम नीयत-ए-शौक़,
शुआ-ए-नज़र मिलाओ कभी हुस्न-ए-माज़रत नहीं।

जहाँ मिला करते थे हम दोनों अक्सर छुपके से कभी,
अब वहाँ के रहगुज़र हैं मगर,
सुकून का आता पता नहीं।
जिए थे हर जिस जगह लम्हे तुम्हारे साथ,
अब उन राहों पर लाशों के सिवा दिखता कुछ नहीं।
रूठ कर जो गए हो तुम,
तो क्यों हर सिम्त तेरी आहट है।
मैं भी जाने किस बात का इंतज़ार करूँ,
अब तुम भी तो मनाने रहनुमा रहे नहीं।

न ग़म है, न कोई सोगवार,
हयात में मिले सोबतें कोहकन को,
हया के बाद भी कोई रिफ़ाक़त याद आई नहीं।
दिल के आईने में अब भी तेरी तस्वीर है जाना,
पर इस शीशा-ए-दिल में दरारें नहीं।
मुलाक़ातों के बाद का हाल तो पूछो "फ़ज़्र",
तन्हापन के सिवा कुछ रास आया नहीं।
करता रहा बातें तेरे जाने के बाद भी तुझसे ही हमनफ़स,
यूँ तो कि दुनिया मुझे इंसान मानती नहीं।
दीवानगी कहूँ मैं इसे या इंतज़ारी साक़ी,
कब से तेरा ये नशा उतरा ही नहीं।

पिहरवा आता-जाता ख़बर पूछते रहे तेरी,
मगर तुम तो कभी लौट आए नहीं।
सोचा के हम ही बन जाएँ मुसाफ़िर तुम्हारे शहर के,
आ गया मैं तेरे इस सपनों के नगर में।
जहाँ हर घर हज़ारों ख्वाब कहीं दफ़न,
तो कहीं पंखे से लटक रहे हैं।
आया मैं भी एक उम्मीद का चिराग़ लेकर,
कि तुमसे मुलाक़ात तो नहीं,
लेकिन तेरी झूठी हवा तो महसूस हो।
तेरी बाद-ए-ख़ुशबू भी कुछ रूठी,
बेमुरव्वत निकली जाना,
जो हर क़दम चिराग़ बुझाती रही।

बढ़ता रहा तेरी ओर क़दम आहिस्ता,
आहिस्ता दिल की धड़कनें चुकने लगीं।
साँसें भारी और आँखें हल्की होने लगीं।
ढूँढता रहा तेरा पता जाबजा,
हर क़स्बे की हवा ने तेरा ठिकाना ग़लत कहा।
कहा अपना गुलपोश ख़ानामां-बरबाद छोड़ के,
तुम्हें तुम्हारे राहत-ए-जाँ नगर में ढूँढ रहा हूँ मैं।
मेरा, तेरी यादों का बिस्तर छोड़कर,
तेरे वादों के फ़र्श पर आराम कर रहा हूँ मैं।
चैन मुझे यहाँ भी नहीं,
यानी तेरे बाद सुकून मेरे घर कभी आया ही नहीं।
सोचता हूँ कभी-कभी के हम मिले,
तो तुम क्या करोगे?
क्या कहोगे?
बात करोगे मुझसे,
या हर बार की तरह शांत बैठोगे।
इंतज़ार का ये सफ़र तो कभी ख़त्म हुआ ही नहीं,
मैंने देखी है राह तेरे सफ़रगाह के बाहर,
मगर तू कभी खिड़की में आया ही नहीं।

मेरे दस्त-ए-तलब का थोड़ा लिहाज़ कीजिएगा,

रियाज़ात-ए-नीम-शब के हर्फ़-ए-दुआओं को क़बूल कीजिएगा।

अगर मतमैला एक मुश्त-ए-ग़ुबार हूँ मैं,

तो उस कौसर से धुले को मेरे नाम कर दीजिएगा।

अगर हक़ीक़त में कोई बोझ दिख नहीं रहा शाने पर मेरे,

तो ख़्वाब में मिलकर सबब जान लीजिएगा।

जाबजा हैं मेरे सुख़न बोल तुमसे,

परेशान होकर सही सफ़रगाह से बाहर आ जाइएगा।

दामन में कितने फ़ुर्क़त के दाग़ हैं मेरे,

गिला-ए-तंगी-ए-क़बा से फ़ुर्सत मिले तो आईना-ए-जाँ में देख लीजिएगा।

अगर भरम टूट जाए मेरे नक़ाब-ए-मोहब्बत का,

तो मेरी राह से गुज़रते पलटकर देख लीजिएगा।

गुलाबी आँखें रंज-ओ-ग़म से भरी नहीं जचती तुम पर,

वक़्त मिले तो राहत का सुरमा लगाकर सजा लीजिएगा।

अगर हवाओं में सुनाई दे मेरी सदा कभी,

तो घर की खिड़की को ज़रा खोल दीजिएगा।

कुछ बातें कहनी हैं तुमसे हमनफ़स-ए-ज़ार,

वो ज़रा आँखों से पर्दा उठा लीजिएगा।

मेरी निगाह में जो नमी है उन यादों का सबब,

तुम भी कभी माज़ी परची में वो ग़ज़ल लिख दीजिएगा।

तुम्हारी ख़ामोशियों ने बहुत रंज छुपाए हैं मुझसे,

अगर कभी कुछ बतलाना हो तो मेरे रूबरू आ जाइएगा।

कभी जो दिल करे खोया क़ाफ़िला ढूँढने का,

तो अपने ख़यालों में मेरे लिए थोड़ी जगह बना लीजिएगा।

शिकवे करते रहे तुम अक्सर मेरी ख़ामोशी के,

आज अरसो बाद मेरी ज़ुबानी तुम्हारे नग़मे सुन लीजिएगा।

देख लिए हैं सबने मेरे सीते ज़ख़्म,

पर कभी ज़ख़्म-ए-जिगर को भी गिनती में ले लीजिएगा।

क्या कहूँ कैसे काट दी उम्र तेरे इंतज़ारी में,

अगर चाहो तो मुहाजिर साए से पूछ लीजिएगा।

अब तो मैं भी हैरान हूँ के मेरे यारी-मोहब्बत का सिला क्या था,

अगर वक़्त मिले तो मेरे साथ इंतिहाँ ढूँढने चल लीजिएगा।

मेरी नज़रें हर्फ़-ए-गुज़शता के शक्ल में झुकती हैं,

तुम जो बे-रज़ा हो तो ये नज़र उठा लीजिएगा।

फिर गर्दिश-ए-माह-ओ-साल बाद आए वो अपने माज़ी क़ुर्बत के दिन,

अगर कोई नई सुबह-ओ-शब आए तो गर्दिश को भुला दीजिएगा।

शहर की तनहाइयों ने मुझे आवाज़ दी है हर शब-ए-हिज्राँ को,

अगर कभी मेरी यादों की दस्तक आए तो दरवाज़ा खोल दीजिएगा।

मैं हवा का रुख बदलकर भी न तेरे पास आ सका,

आरज़ू है फ़क़त तेरे दामन को महसूस करने दे दीजिएगा।

दर्द का सिलसिला है के कभी ख़त्म नहीं होता,

तुम भी अगर ग़म में हो,

तो मेरे साथ रो लीजिएगा।

दास्तान ख़त्म नहीं होती किसी एक क़िस्से पर "फ़ज्र",

अगर कहानी तुम्हारी है,

तो अपनी तक़दीर को लिखने दे दीजिएगा।

वो तो चाँद है भरे आसमान में निकल जाएगा,
मसला तो सितारों का है इन्हें कौन भाएगा।
वो हवा की तरह गुलों में फिरता है,
एक बाद-ए-हिज़्रां है जो आएगा गुजर जाएगा।
समझता था कि एक रिश्ता है सँवर जाएगा,
क्या खबर थी कि आइना-ए-जान बिखर जाएगा।
वो जब आएगा तो फिर उसकी रिफ़ाकत के लिए,
मौसम-ए-वफ़ा मेरे आँगन में ठहर जाएगा।
थकी हारी वो कहीं माज़ी वस्ल के राह पर बैठी होगी,
तू भी एक मुसाफिर है हमसफ़र ख्वाबों का हो जाएगा।
ख्वाहिशों के साहिल पर वो तुम्हे मिल जाएगा,
ढलते चाँद के साथ वो भी ढल जाएगा।

हम समझते थे रास्ते रुक जाएंगे उसके लिए,
मगर कू-ए-यार भी उसका था क्या खबर थी बदल जाएगा।
यह मेरा शादाब हाल जो तेरी मेहरबानी का है,
कर्ज़-ए-कारी का सितम मेरे सुख़न को लगा जाएगा।
तुम जो इख़लास उसकी रिफ़क़त के मुन्तज़िर हो,
वो टूटे शाख़ पर बैठा एक परिंदा उड़ जाएगा।
वो जो कभी खिड़की का पर्दा एक राह-ए-उम्मेद में खुला था,
आज वहां से सिर्फ एक ग़म का झोंका आएगा सांसें रोक जाएगा।
मैं समझता था तनहा शाम एक चिराग़ जलेगा सहर तक,
क्या खबर थी कि अंधेरा ही सुबह तक साथ ठहर जाएगा।
उसने कहा था कि वफ़ा की मंज़िल आसान है,
अब एक सफ़र है जो खुद-बखुद सर हो जाएगा।
वो जो हर लफ़्ज़ को तरतीब से लिखता है,
अब अपने हर दाहान-ए-जख्म को गिनता जाएगा।

एक कारवां अपने ख़ाना-बा-जान से निकला है,
चार लोगों की दुनियादारी देख शाम तलक लौट जाएगा।
सोचा थकान मिटा दे दरख़त के साए में,
क्या खबर थी कि मेरे साए से हर पत्ता बिखर जाएगा।
रब ने दिए इशारे में भी कभी समझ न सका,
मेरा लिखा क्या, वो हर एक पल में बदल जाएगा।
मैं सोचता रहा कि तेरे इंतजार का असर नहीं होगा,
देरे से समझा वक़्त भी हाथ से यूं निकल जाएगा।
खुशबू-ए-गुल जब तितलियों से गुफ़्तगु करेगा,
तेरी यादों का एक सिलसिला परेहान से लिपट जाएगा।
हर धड़कन का हिसाब जो रखा करते हो तुम,
जाना, अब वक़्त भी उस शहर से गुजर जाएगा।
इरादतन मिले तुम मुझे तर्बत में "फ़ज्र",
हैरत नहीं ये दिल फिर से मर जाएगा।
पता नहीं बख़्ता ज़िन्दगी थी या मैं,
मगर खराबतियाँ-ए-ख़िरद-बख़्ता मुझे ही कर जाएगा।
देखे हैं कितने इश्क़ कहानियाँ आँखों से मगर,
आखिरश आरिज से अश्क तो बह ही जाएगा।
ख़ानदान का बोझ है शानो पर मेरे,
मगर ये हशर कोहकन तेरे संदल पाओ में झुक जाएगा।
दिन में भी ख़्वाब देख लेता हूँ मैं आजकल,
यानि के ये रात-जगा तुम्हे हर वक़्त खोता जाएगा।

जुनून का आलम है ये,

क्या कहूँ क्यों बेक़रार हूँ मैं,

सोच के झंझालों में रहता हूँ,

अपने आप से ही बेख़बर हूँ मैं।

हर दीवार पर तेरी तस्वीर है,

हर रुख पर तेरा अक्स है।

दिल के हर कोने में बसा है तू,

फिर कैसे तन्हा तन्हा हूँ मैं।

फर्श पे रह कर भी,

तेरे फ़लक पे भटक रहा हूँ मैं।

अक्सर सीने में मचलता रहता है एक खामोश तूफ़ान,

मगर, जी ठीक हूँ मैं।

खुद को तोड़ता,

फिर से बनाता,

फिर बरबाद कर रहा हूँ मैं।

मगर अफसोस, जी ज़िंदा हूँ मैं।

हीर-राँझा, लैला-मजनू के क़िस्से क्या थे?

अब तो अपनी भी एक कहानी लिख रहा हूँ मैं।

खामोशी मुझे पसंद नहीं,

तो बेक़स आवाज़े दे कर खुद को सताता हूँ मैं।

क़फस कैसा है जुनून का ये,

यहाँ ज़ुल्मत दर्द भी सुकून में है।

जंजीरों में रहता इंतजार कर रहा हूँ मैं,

जी हर रोज़ खुद को बरबाद कर रहा हूँ मैं।

नए मरासिम तलाश-ए-शिफा में निकला है कोई,

खुद से ही गुजरता

खुद का पता पूछ रहा हूँ मैं।

इख़लास तकल्लुफ नहीं थी मेरी जाना,

यूं ही ग़ैर बन गया हूँ मैं।

चंद पल के हमसफर थे तुम जानता हूँ मैं,

तो क्यूँ इस क़िस्से को जावेदान कर रहा हूँ मैं।

ये जो पागलपन है मेरा,

तेरे रूह-ए-नज़ाकत का दीवाना है।

तेरी आँखों में चाँद दिखता है मुझे,

और मेरी आँखों में चाँद उसका।

यूँ न मुस्कुराया करो,

दिल की धड़कनें कमजोर हैं ज़रा।

नूर-ए-ख़ुम न पिलाओ साकी,

तेरी बातों की नशे में हूँ ज़रा।

ढूँढते रहते हैं यार मैख़ाने में मुझे,

कभी आए कमरे में मेरे कोई उन्हें बतलाओ ज़रा।

ना आबले हैं ज़ुबान में मेरे,

और ना ही दहान-ए-ज़ख्म है,

सुन रहा हूँ सदा तेरी,

ता-उम्र खामोशी से सुनाने दो ज़रा।

दिल-ओ-दिमाग के अन-बन में

अक्सर आ जाती है बातें तेरी,

तन्हाई में तो अकेले रहने दो ज़रा।

क्या चाँद, क्या सितारे, क्या नग्मे जाना,

नूर-ए-ख़ुदा आइना देख लो ज़रा।

फुर्सत का ग़म क्यों करू मैं,

चाहते हो नफरत करू मैं तुमसे,

पहले तुम्हारे इश्क़ से फुर्सत मिलने दो ज़रा।

अक्सर तेरी यादों में डूब कर ये सोचता हूँ,

कभी पल भर मेरी यादों में तुम भी डूबते हो क्या?

कश्ती रक़ीब की ले कर

साँसें चैन की लेते हो क्या?

कितनी गहराई है सोंचो की दरिया में मेरे,

सुकून से जीने तेरे साहिल पे आने दो ज़रा।

मुझे आज तलक याद है
तुमने मुझे कहा था,
ये दौर तुम्हें मुबारक हो "यश",
दौर ग़म-ओ-आलम में गुज़र जाए तुम्हारी ज़िंदगी।
दिल-ए-मजरूह के ज़ख्मों को सीते इंसां से तुमने दिल लगा दिया,
एक ज़िंदगी बर्बाद करके तुमने जीना सिखा दिया?
ख़िज़ां बाग़ में इतराते तितली को तुमने क़ैद कर लिया,
सच बताना उसे अपने गुलपोश दिल में रखा,
या उसके ही दिल का क़त्ल कर दिया?
चारा-गर की चारा-साज़ी से
ये दर्द-ए-दिल भी ठीक हो जाएगा,
दवा दो बता दो मुझे
ये दौर-ए-हयात ता-उम्र मुझ पर मेहरबान रहेगा।

मुद्दत बाद इश्क़ के गली में निकला है कोई,
हर बार की तरह ख़ाली हाथ लौटा है कोई।
भरे बाज़ार में तेरी राह देख रहा है कोई,
चंद लम्हों के लिए रातें जगा रहा है कोई।

वादे करते हो मिलने के,
कितने तकल्लुफ़ से करते हो।
उन वादों पे यक़ीन कर,
जनाज़े पर इंतज़ार कर रहा है कोई।
जो रास्ते वफ़ा के जुदा हुए,
कू-ए-यार के नक़ाब में सू-ए-दार निकले।
एक मुसाफ़िर बन गया है फ़क़ीर अब,
सुना है अब मौत की भीख माँग रहा है कोई।
तसव्वुर में एक आशियाना बना रहा है कोई,
बज़्म-ए-रक़ीब की महफ़िल में मस्त रह रहा है कोई।
वो जो था ग़ज़लें सुनता आज़ाद परिंदा एक,
सुना है हब्स में सुबह-ओ-शब लिखते रहता है कोई।
एक प्यासा है मोहब्बत का दरिया में कोई,
अब अश्क़ों का दरिया बना रहा है कोई।

दिलकशी, उन्स, इश्क़, अकीदत, इबादत रख रहा है पहलू में कोई,
जुनून से सिर्फ़ मौत के गर्दिश को गले लगा रहा है कोई।
जब भी महफ़िल में हो ज़िक्र-ए-महर-ओ-वफ़ा,
"फ़ज़्र" तेरा ज़िक्र कर रहा है कोई।
मो'जिज़ा के मेरे नग़मे सुन रहा है कोई,
यानि के रम्ज़ मेरे दिल के समझ रहा है कोई।
मिल रहा है क़रार हर किसी को उसके जाबजा,
लेकिन मेरे दिल-लगी के वहशत में रहता है कोई।
वो फराख़-दिल रहता है गुलशन में कहीं,
ख़ारज़ार बाग़ के साए में रहता है बाग़ाबाँ कोई।
बेरंग जहाँ में सरख़ुशी से जी रहा है कोई,
फिर तमन्ना रंगरेज़ की भी कर रहा है कोई।
याद करते-करते यूँ वक़्त गुज़र रहा है कोई,
आए ख़ताओं को मगर दराज़ में छुपा रहा है कोई।
ना कोई आया, ना कोई आएगा तुम जैसा "फ़ज़्र",
फिर बात यह भी के तेरा चारबा लग रहा है हर कोई।
एक रेत का घरौंदा बना मिटा रहा है कोई,
उम्मीद में घर के
तेज़ हवाओं से सौदा कर रहा है कोई।
हकीम भी थक गए चारा-साज़ी से मेरे,
कहते रहे असर नहीं करती मुझ पर दवा कोई।
इतना बीमार हूँ,
कितना मुतमइन हूँ।
आहिस्ता दुनिया के क़रीब आ रहा हूँ मैं,
फिर बहर-ए-ख़ुदा मारने आ रहा है कोई।

कहते रहे तुम,

मर्ग-ए-नगहानी तुम्हारी तक़दीर हो,

मिले हम कभी

ऐसा ख़्वाब में भी पल ना हो।

भूल जाना है तुम्हें,

यानि जोश-ए-क़दह की तमन्ना नहीं,

सुन लो मेरी आख़री ख्वाहिश,

ख़ुश रहो तुम,

मगर मेरे साथ नहीं।

रस्म-ओ-राही क़ुर्बत निभाने दूर जा रहा है कोई,

पहली नज़र से ही दिल में मकान कर रहा है कोई।

मिला मुझे मेरा ही हमशक्ल जैसे,

इंतज़ार अपने हसरत का कर रहा है और भी कोई।

देखा है अकसर किसी और को मुझसे पहले भी तुमने,

मगर मेरी आँखों में तेरे बाद बसा कोई नहीं।

और भी ग़म हैं रोज़गार के जाना,

मगर तुझसे ज़्यादा कोई महसूस हुए नहीं।

रोकने का हौसला ना था मुझमें,

तेरी राह देख रहा था ग़ैर कोई।

ख़ुश रहता है तुर्बत में कोई,

तुम थे साथ इस सोच में ही जश्न मना रहा है कोई।

इब्तिदा नए सफ़र का कर रहा है कोई,

इंतिहान तेरे साए में कर रहा है कोई।

जीने में क्या रखा है अब "फ़ज़्र",

बस तेरे बाद-ए-ग़म में साँसें ले रहा है कोई।

तुम्हारे हाथों से कभी फूल नसीब नहीं हुए,
कभी आओगे ना मेरी क़ब्र पर ले कर?
अधूरी चाहतों की शाख़ पे सूख रहा हूँ मैं,
कभी तो आओगे ना ले जाने मुझे तोड़ कर?

अपने बिखरे हुए टुकड़ों को समेटे कब तक,
दिल के ज़ख्मों को सीते रहोगे कब तक।
आओ देखो कितना नवाज़िश है ये ज़माना,
यूं अपने कमरे में तनहा-रवी रहोगे कब तक।
कहते हो बे-मुरव्वत है ये ज़माना,
एक शख्स ही तो था,
ज़माने से फुर्क़त करोगे कब तक।
ख्वाब जो बिखरे हैं उसके दर पर,
उन्हें रहने दोगे हसरत कब तक।

हर किसी के चेहरे पर
अपने अदाओं का सुरूर चढ़ाते हो,
ऐसे अपने दिल पर नक़ाब पहनोगे कब तक।
जिसे ढूंढते हो आजकल उस आसमान में,
ऐसे चांद, सितारों को ताकेगा कब तक।
कुछ वक़्त तो गुज़रना पड़ेगा सब कुछ खो कर भी,
ये खामोशी तुम्हारे जज़्बात कहेंगे कब तक।
रात गुज़रती है परछाइयों के क़िस्से सुनाते हुए,
अपनी दास्तां उनसे छुपाओगे कब तक।
जो फैसले लिखे हैं नसीब के फरमान में,
उनका इल्ज़ाम खाली किस्मत पर लगाओगे कब तक।

गूंजते रहता हैं उसके कदमों का शोर कानों में,
फिर उसके लौट आने का इंतज़ार करोगे कब तक।
सुना है दुआएं करना छोड़ दिया है तुमने,
फिर हर रात अधूरी चाहतों के बिस्तर पे रोओगे कब तक।
जो अश्कों से सब धोया था एक शब,
फिर वही ग़म के दामन को पहनोगे कब तक।
यूं ही अपने अफसाने लिख के सुलगते रहते हो,
एक ख़त की तलाश में इतना जलोगे कब तक।
जो जवाब उससे कभी मिले भी नहीं,
तो खुद से ही वो सवाल पूछोगे कब तक।

हूं उदासी का नशेमन में एक,
जाने दयार-ए-शौक़ के दर पर रहूंगा कब तक।
कितने मौसम चले गए, कितनी रुत बदल गई,
फिर ज़र्द पेड़ देखकर बहार की उम्मीद करोगे कब तक।
जो कभी राह ना आ सकी वो खुशख़बरी,
उन्हें ख़राबात रास्तों से देखोगे कब तक।
जो रक़ीब के साथ पाया गया वो खुशहाली में "फ़ज्र",
अब भरे महफ़िल में अपने इश्क़ का तमाशा करोगे कब तक।
देखो कभी दर के अंदर भी कोई तुम्हारे उम्मीद में है,
ऐसे आख़िरी सांसों के दिन गिनते रहोगे कब तक।

कहते रहते हो वो क़रीब-ए-शह-रग था,

हर किसी के बैद-ए-वहम-ओ-ख्वाब है वो,

तो अब अपने रग-ओ-ख्वाब में उसे सताओगे कब तक।

अक्सर तनहा कहते रहते हो खुद को जाना,

फिर बज़्म यादों की सजाओगे के कब तक।

हर किसी में उसके अक्स दिखते हैं तुम्हें,

फिर अपने आइना-ए-जां के सिवा

हर जगह उसे ढूंढोगे कब तक।

खेलता रहा अपने दिल के टुकड़ों से रात भर,

फिर दिमाग से आवाज़ आई,

सुबह होने आई है,

ऐसे रातों को जगाओगे कब तक।

दीवानगी को कहीं छुपा रखा है,
हमने तो दाग भी उठा रखा है।
उसके यादों में हिज्रॉं है बहुत,
हमने बस चैन के नींद को गिरवी रखा है।
बेबसि के शहर में कदम जहाँ रखा है,
वहाँ बस चिराग़-ए-वहम जला रखा है।

सुना है ज़ंजीरों में रहते हैं यहाँ सब,
बस खुद को आवारा गलियों का बना रखा है।
चिखता-चिल्लाता रहता है यहाँ कोई अक्सर,
कोई ज़िन्दगी की तलब रखता है,
कातिल-ए-जान तो खुद अपने ही है सब,
बस एक कमरे में अपनी आवाज़ को दबा रखा है।
शोर है बाहर, मगर दिल खामोश है,
ज़िन्दगी को मौत के गर्दिश में जावेदान रखा है।

वक्त की तरह फिसल रही है हर उम्मीद,
अपने हाथों में बस लहू का दरिया थाम रखा है।
कोई मसीहा आया था कभी,
शायद कोई रहगुज़र था,
बरसों गुज़र गए हैं मगर
उसका निशान छुपा रखा है।

जिस्म को तलब है मुख़्लिस ज़माने में रहने की,
रूह का क्या, मुख्तलिफ दराजों में रखा है।
इस ज़मीन ने पुकारा है कबसे अपने,
खुद को उस मिट्टी का ख़्वाब बना रखा है।
सुना है तुम क़ौसर के इर्द-गिर्द रहते हो,
बस खुद को अर्श से थोड़ा दूर रखा है।
हूं कहाँ मैं, मुझे खुद मालूम नहीं,
इतना याद है कि पा-ब-जौलाँ को पास रखा है।

वस्ल की कोई राह न कोई उम्मीद है दिल में,
बस दिल को यूं तेरे जैसा बना रखा है।
क्या इल्ज़ाम लगाए तूझपे "फ़ज्र",
इस यारी को इश्क़ का दाग़ मैंने ही लगा रखा है।

अब डर भी नहीं के कब रुक जाए साँसें,

हर खुशी को अपनी मौत का फरमान बना रखा है।

जिंदगी को न जाने किस मोड़ पर ला रखा है,

जिम्मेदारियों के जंजालों को रखा है एक तरफ,

उसकी यादों के सिलसिले को थोड़ा करीब रखा है।

घर के हर कोने में अब उसकी रवानी है,

सुना है दिल के आँगन में वो छुपा रखा है।

अंधेरा तो बस एक हिस्सा है उसके रानाइयों का,

उसने चाँद भी दामन में छुपा रखा है।

उसे दिल-ओ-जान से अपना महबूब माना था,

उसने हर किसी को मुझे दोस्त बता रखा है।

कोई दुश्मन न आ सका कभी क़सबें में मेरे,

ख़ुद के ही घर से निकलता तीर मैंने संभाल रखा है।

वो तो नफ़्स है हर साँसों से रगों में उतर जाता है,

सुना है उसने मुझे सिर्फ हवा का झोंका मान रखा है।

कोई उतरा है फ़क़त तेरे नाम के दरिये में,

कोई डूब रहा था तेरी आँखों के जील में,

किसी ने कश्ती के दरारों को यूं डूबने छोड़ दिया है।

सुना है तुमने हर सागर को बूँद जैसे मुट्ठी में रखा है।

संग-दिल नहीं हो तुम, किस किस को बताओगे,

जो हर किसी का क़तल तुमने कर रखा है।

तेरी खामोशी को अब सुनेगा कौन,

तेरी बातों पर अब जान निसार करेगा कौन,

एक दौर था तुम्हारा मोहब्बत का " फ़ज़्र",

अब सुना है हर किसी ने तुम्हे मुहाजिर बना रखा है।

ख़्वाब में महबूब को सर पे चढ़ा रखा है,
खुली जो आँख तो याद आया वो तो नज़र से भी गिरा था।
गुल-ब-दस्त उसके मुक़द्दर रखा है,
सुना है हर बाग़बाँ को उसने क़ैद कर रखा है।
कहते कहते के जान-ए-जान तुम्हें दिल में रखा है,
देखो जाना तुमने वही घर बर्बाद कर रखा है।
सुना है मीनारा-ए-अर्श तेरे सन्दल पाँव में रखा है,
और दिल-रुबा तुम्हें किसी और के पैरों में गिरते देखा है।
बज़्म ने पैमान-ए-दिल इज़हार-ए-इश्क़ कर रखा है,
यूँ तो तबाह था और तबाह कर रखा है।

जब से होने लगा महफ़िल में तेरा ज़िक्र,
साक़ी, ख़ुम पीना तलक मुश्किल हो रखा है।
रंग-ए-गुल से रंगरेज़ ने रंग निकाल दिया है,
मगर बू-ए-गुल ने उसका कुछ राज़ छुपा रखा है।
दिल के अंदर हर एक जज़्बात को उसने पाक रखा है,
ख़ुद को और मुझको बेचैनी से साथ रखा है।
तुम्हारा साथ न होना तो तक़दीर का लिखा था,
मगर "फ़ज्र" मेरी ग़ज़लों को तेरा नाम दे रखा है।
वैसे वजह तो कभी पाई नहीं जीने की,
बस ज़िम्मेदारियों के लिए ख़ुद को ज़िंदा रखा है।

ख़्वाब हो तुम "फ़ज़्ल",
ख़्वाब ही रहो।
तमन्ना है तू मेरी,
हसरत ही रहो।

इंतज़ार,
लंबा इंतज़ार,
तू सामने है फिर भी इंतज़ार,
तुझसे दूर जाने का इंतज़ार,
तेरे पास आने का इंतज़ार।

तेरे फ़क़त एक दीदार का इंतज़ार,
फिर निगार-ए-अजल को देखने का इंतज़ार।
बीत गई है जवानी मेरी बस इंतज़ार में,
फिर कभी दो पल के चैन का इंतज़ार।

कभी कुछ पाया नहीं,

कभी कोई मलाल-ए-शौक़ भी नहीं,

फिर कभी दो पल ज़िंदगी जीने का इंतज़ार।

ख़ानदान ने रखे हैं कई बोझ शाने पर मेरे,

लेकिन शाने पे उठाए मरे ख़्वाबों के बोझ को हल्का करने का इंतज़ार।

सावन भी गया है पिहरवा,

हवा का झोंका अब शाख़ों को सताता है।

चुभने लगे हैं अब वो लम्हे ख़ारज़ार,

गर्दिश-ए-वस्ल का है शाख़-ए-शजर को इंतज़ार।

कभी सुबह-ए-इशरत के बाद शाम-ए-ग़म का इंतज़ार,

ज़िंदगी के तलबगार को शमशान के दर का इंतज़ार।

तुझे पाने का इंतज़ार,

शौक़-ए-वस्ल फिर फ़ुरक़त का इंतज़ार।

ये कौन सी बीमारी है जो है न हकीम के इल्म में,
सरा-ए-फ़ानी आ गई है मौत मेरे दर-पेश।
बे-तरह कू-ए-जानन से लाया गया है मुझे,
फिर उसके घर से सोग के पुकार सुनाने का इंतज़ार।

इतना ख़ामोश क्यों है ये क़स्बा, घर मेरा,
सुना है कर रहे हैं मेरे अरमान क़ब्र पर इंतज़ार।
ये कौन सी कश्ती है जो साहिल तक ना पहुँची,
बेक़स दरिया को भी है बस तेरी लहरों का इंतज़ार।
एक चिराग़ है जो हर रात जलता है खिड़की में,
कर रहा हूँ तेरे नाम से आने वाले परिंदे का इंतज़ार।

जो जुदा हुए रास्ते अपने रिफ़ाक़त के,

कर रही है कोई एक हसरत सुबह-ओ-शाम वहाँ इंतज़ार।

क्या अदम बनाया है मुझको,

जिसके तक़दीर में लिखा है बस इंतज़ार।

कितना इंतज़ार,

उम्र भर का इंतज़ार।

इंतज़ार हो तुम "फ़ज़्र",

अधूरे ही रहो।

के गुज़र जाए ज़िंदगी तुम्हारे इंतज़ार में,
इसका कोई गिला नहीं।
ये दिल मैंने तुम्हें दिया है,
तो तेरे सिवा ये किसी और का नहीं।

मलाल तो ये कि अब तू मेरे साथ नहीं,
मगर तेरी एक अदा भी मैं अब तक भुला नहीं।
तू इंकार करती रही मेरी मोहब्बत,
लेकिन मैं दोस्ती से आगे कभी गया ही नहीं।
कुर्बत तो सारे ज़माने से करते थे,
और कहते थे मुझे, रक़ीब के अलावा कोई दिखता नहीं।

महफ़िल में होते गए सवाल मेरी मोहब्बत पर,
फिर बात निकली इंतज़ार के सिवा कुछ मिला ही नहीं।

कोई चराग़ मिला तो फिर परवाने का क्या सोचे,
जलता रहा मेरा घर हर वक़्त,
फिर बात निकली कि चराग़ कभी जलाया ही नहीं।

तेरी हर बात में एक ख़ामोशी का शोर था,
और हमने समझा कि बस इसमें ही सारी बात हो गई।
आज भी वो आख़िरी मुलाक़ात याद है मुझे,
जब मैंने सोचा था कि रहे फासले दरमियान कुछ नहीं।

रंज है बस इतना कि तू पास रह के भी दूर ही रहा,
पुकारा तुझे तब भी, जब दिल में था कोई नहीं।
तेरी ख़ामोशी का अब मुझ पर एक असर है "फ़ज़्र,"
कि अब हर गुफ़्तगू में तेरा ज़िक्र है, लेकिन इंतज़ार नहीं।

एक सिर्फ़ तेरा ग़म ही नहीं मुझे जानन,
बात तो ये कि महफ़िल में कहता कुछ नहीं।
यूँ हारा हूँ सब में ऐसे,
जैसे कभी कुछ पाया ही नहीं।

कर दिए हैं मेरे सारे ख़्वाब क़ुर्बान,
फिर बात निकली कि मैंने किया कुछ भी नहीं।
ना चाहत, ना सपने, आए मेरे ज़िम्मेदारियों के सामने,
फिर कमरे से तीर के सिवा सामने आए कुछ नहीं।

जो माँ के पहलू में सोता था कभी बिना किसी ख़याल के,
आजकल ख़याल उसके सरख़ुशी के बिना कुछ आते नहीं।
ये जो अश्कों के दरिया में उतरा है मुश्त-ए-ग़ुबार कोई,
इतना कमज़ोर घर ने तो बनाया नहीं।

जो दफ़्तर में सोचता रहता है रोज़गार के सुकून का,
फिर क़दम बढ़े मकान की तरफ़ तो कोई चराग़ उम्मीद का भी दिखा नहीं।
यूँ तो लानत है मुझे सग़र कहने पर,
दफ़न उम्मीदों की क़ब्र के सिवा मेरा कोई ठिकाना नहीं।

दफ़अतन हुआ ज़िंदा,
बार-बार साँसें गिनता रहा।
मैले हुए हैं दामन दुनियादारी के धूल से,
फिर बात निकली कि मैं कमरे से बाहर कहीं जाता ही नहीं।

बीत गया है जो होना था,
अब न वो पल कभी दोहराएगा।
जो डरता था कोई अंधेरे से पहले,
अब कू-ए-जानां रातें जगाएगा।

गहरी नींद की तलाश में हैं आँखें मेरी,
बस एक आख़िरी बार तुम्हें देखना है।
वहशत से अंधेरे को मेरे,
तुम्हारे क़रार-ए-चराग़ से उजालना है।

आया है ज़माना शौक़ मनाने जनाज़े पर,
मगर मुझे इंतज़ार बस तुम्हारा है।

अगर जानना हो किसी का दर्द तो
उतर कर रग-ए-जान में देखना होगा,
आज़ाद करना है इस दिल को अगर
तो रिश्तों के बंदिश से रिहा करना होगा।

और क्या ही खबर थी कि यूं महफिल में
जब भी शिकस्त दिल का ज़िक्र करे कोई,
तो यूं आइना-ए-जान में देखना होगा।

मुसाफिर कौन से मंजिल का हूँ कौन जाने,
अगर आशियाना चाहिए तो हकीकत में उतरना होगा।
हमसफ़र आता है कोई, कुछ पहर ठहर जाता है,
अगर रखना हो हर पल के लिए
तो साए को तह-ए-दाम में लाना होगा।

इतने कशमकश के बाद भी मुराद जीने की कर रहा हूँ अगर,
तो मरने का हुनर भी सीखना होगा।
कभी यूं लौट आती है खबर उसके हुज़्‌-ए-आस्मानी से,
देखना चाहते हो खुश मुझे,
तो मेरी होश-परस्ती छोड़ के खुद को बरबाद करना होगा।

अगर करना चाहते हो मुलाकात उम्दा इश्क से,
तो मेरे यार तुझे शमशान घाट में आना होगा।
चाह है अगर बिता दे सुकून जिंदगी उसके साथ,
तो फिर अपना वजूद भी मिटाना होगा।

पता नहीं क्या बेनाम रिश्ता था मेरा उससे,

क्या खबर थी, कोई पूछे तो बस यार ही कहना होगा।

कौन से जख्म हैं दिल पे लगे,

कौन से ख्वाब बिखर गए?

ब-जुज़ मरहम लगाए इनको,

अगर जीना हो तो कुछ मुझे भी तेरे जैसा होना होगा।

गर्दिश ये इश्क की दफ़तन दोहराएगी जाना,

तू नहीं तो और कोई,

मैं नहीं तो कोई और सही,

हर किसी को सर-ब-सर खुद को खोना होगा।

कुछ नहीं बोलूंगा,
चला जाऊँगा।
आबले पड़े हैं मेरी जुबां में,
खामोश रहूँगा, चला जाऊँगा।

परेशान हो तुम शायद मेरे अन-बन से,
अब न सताऊँगा, चला जाऊँगा।
सुनि है तुने मेरी सारी अनकही कहानियाँ,
तेरे हिस्से की अधूरी बातें सुनूँगा, चला जाऊँगा।

खुश है तू अगर तेरे शहर में,
ना अब फिर से ग़म देने आऊँगा, चला जाऊँगा।
अब इज़हार करके ये इश्क दोस्ती नहीं तोड़ूँगा,
छुपा के सब दिल में, चला जाऊँगा।

मेरे हालात आइने में कैसे दिखते हैं,
तेरा चेहरा या मेरे अरमान लौ में दिखते हैं।
हूं अश्कों के बारिश से ज़िंदा एक चातक में,
अगर तू नहीं, तेरा ग़म नहीं,
तो गर्दिश-ए-मौसम के बाद चला जाऊँगा।

हूं रहता समंदर के पास ही,
अगर ना आएगी कोई लहर तेरी याद लेकर,
उम्मीद में तेरे रख के घर जलता हुआ, चला जाऊँगा।
खुश होंगे तुम अगर मुझे खुश देख कर,
एक दिन ख़ुदकुशी करूंगा, चला जाऊँगा।

कलंक है मुझ पर,
अपने हिज्र का।
रंज है मुझे,
मेरे खुद का गुनहगार होने का।
शब-ए-ग़म में शिकवे करूं भी किससे,
मेरे अलावा यहाँ बंदिश कोई भी नहीं।

सल्की मेरे रूह,
कभी फर्श तो कभी अर्श,
गुम है तलाश-ए-शिफा में।
ये तलाश कभी पूरी कर नहीं सकता,
इस दिल को चैन कभी दिला नहीं सकता।

सीने से लगा के इन रंज-ओ-ग़म-ओ-कलंक को,
अपने जुस्त-जो को आराम दिला नहीं सकता।
दफन अपने ख्वाबों को,
कभी फिर ज़िंदा कर नहीं सकता।
क़ैद हूँ मैं मेरे ही ख्यालों में,
दिल-ओ-दिमाग के अन-बन में।
इस क़ैद से कभी रिहा हो नहीं सकता।

बिखरी मेरी ज़िंदगी मुझे नज़र आती है,
जितना समेट लूँ, अधूरी ही रह जाती है,
अपने जिंदगी को कभी मंजिल तक ले जा नहीं सकता,
ख़ुद भी एक मुसाफ़िर कभी बन नहीं सकता।

क्या गलत, क्या सही कोई बतलाए मुझे,
इतना समझदार मैं नहीं।
है शिकवे ख़ुद के ही ख़ुद से,
मगर नाम लेने तक का हौसला कर नहीं सकता।

है दाग मेरे ही दामन में,
फिर गिला-ए-तंगी-ए-क़बा भी कर नहीं सकता।
कुछ पल सुख़न के सजन, तेरे फ़ुर्कत में दान मिले,
आदत है जिसे ग़म की वह कभी चैन से जी नहीं सकता।

जो महफ़िलें थीं कभी असर-ए-वफ़ा के ताल्लुक़ में,
आज वो कारवाँ भी ख़ुद ग़र्क़त है ग़ुबार-ए-तावील में,
ना दे सका कभी जवाब उन सवालों का,
कहाँ खोया था ख़ुद को एक दर्द-ए-राहिल में,
यानि ऐसा के मैं ख़ुद को भी कभी फिर पा नहीं सकता,
जो था एक मसीहा इश्क़ का फिर कभी नज़र में आ नहीं सकता।

मुलाक़ात तो ख़ुद से भी ना कर पाया फिर मैं कभी,
मगर ग़म तेरे जुदाई को भूल नहीं सकता।
वो आईना में ना अक्स-ए-ख़ुद था, ना तस्वीर-ए-हुनर,
दिलरुबा बस एक शख़्स था जिसे दिल कभी भूल नहीं सकता।

तन्हाई का साथ है मगर साथी नहीं,
ज़ख्म-ए-हयात भी शफ़ा दे नहीं सकता।
ना तो ख़ुद के लिए, ना किसी और के लिए,
मुझ में एक बेकरार सी उम्मीद है,
जो कभी निभा नहीं सकता।

क्या आरज़ू करे ख़ुदा से जो कभी सुन नहीं सकता,
इन आसमानों में एक सितारा है
जो बिन चाँद के झमझगा नहीं सकता।

नफ़रत भी करूं किससे, आईने में रु-बरू भी कर नहीं सकता,
ज़ख्म भी ऐसे हैं जिन्हें कभी भर नहीं सकता।
दिल के दामन में सिर्फ़ रंज-ए-हयात हैं,
इन ख्वाबों को फिर से सजा नहीं सकता।

किसी ने कहा था कि वक़्त मरहम बन जाएगा,
पर असल में गुज़रता वक़्त भी दर्द मिटा नहीं सकता।
क्या अर्ज़ करें दुनिया के सफ़ेद चेहरे पर,
मैं वो काला दाग हूँ जो कभी धूल नहीं सकता।

मोहब्बत का सफ़र तो शुरू भी न हो सका,
और एक दर्द का हिसाब है जो कभी चुका नहीं सकता।
रास्ते में मिले संग भी सवाल करते हैं,
मंज़िल कितने दूर है कोई बता नहीं सकता।

आदत सी है हर शिकस्त को अपनाने की,
पर ख़ुद के हार का जश्न भी मना नहीं सकता।
ख़ामोशियाँ हैं मेरे हर लफ़्ज़ के पीछे,
जो बात है दिल में, वह कभी सुना नहीं सकता।

रग-ए-जान तक कोई ज़ख्म भरा है एक,

मगर निशान कहीं दिखा नहीं,

जो दिख रहा हूँ एक सरवर इंसान में,

वो असल में कभी बन नहीं सकता।

ग़म का हमनशीं हूँ मगर खुशी का मेहमान नहीं,

फिर बात अपने हसरतों की भी कर नहीं सकता।

है जलता हुआ जी मेरा अंदर के अंदर ही,

मगर मैं वो राख हूँ,

जो फिर कभी जल नहीं सकता।

युन तो अब शमशान भी घर सा लगने लगा है,
मानो कि घर ही शमशान बन गया है।
मेरी मोहब्बत, इज्जत, और जिंदगी,
घर के देहलीज पे बिखरी नजर आती है।
और समेट ने जाऊं भी कैसे,
शमशान में इसके सिवा और क्या ही मिलेगा।
मेरे हसरतों को पूरा करूं भी कैसे?
मेरे सारे ख्वाब
तो घर के हर कोने में दफन नजर आते हैं।
दीवारों के दरारों सी,
कितनी दरारें बढ़ रही हैं।
चार दीवारों में क़ैद रहूं मैं इसके,
ऊपर से अश्कों की बारिश भिगो रही है।
मुस्कुराके मिल रहा हूं सबसे,
आने में रोता एक शख़्स मगर दिख रहा है,
मेरे ख़ानामान-बरबाद में,
मेरी खुशहाली सब को नजर आ रही है,
मगर पंखे से लटक रही मेरी रूह,
मुझे नजर आ रही है।

रंज का एक दरिया बहता है इस मकान के अंदर,
मगर बाहर हुज़्न-ए-आसमानी यादों से महरूम है।
जो कुछ तस्वीरें थी दीवारों पे लटकाई हुई,
आजकल फ़र्श पे सजाए नजर आती हैं,
रखा था शीशों को तस्वीरों का साथी,
अब दो क़दम भी चल लूं तो क़दम ठहर जाते हैं।
जो कभी अंगना में रहती थी एक राहत की कुर्सी,
सुन है आज घर के अंदर पाई गई है,
कौन समझेगा इस घर की तन्हाई को?
जो दर के बाहर से भी कभी कोई गुजरता नहीं।
दर-ब-दर घूम रहा है फिर कोई नए घर की उम्मीद में,
मगर रूह-ए-जान किताबघर से बाहर आती भी नहीं।
क्या बतलाऊं क्यों हमेशा दरवाज़ा बंद रहता था,
यहीं के हर पल मिलने कोई कारवां कमरे में आता है,
अगर आ रहे हो तुम मिलने तो दम घुटा के आना,
यहाँ साँसें लेना भी एक गुनाह हो रखा है।
ज़िंदा है तो फकत दूसरों की मुझसे रही उम्मीदें,
चिता में चैन से सोता वही एक भार है।

देहलीज पे हर लम्हा कोई बूंद गिरती रहती है,
जैसे खुदा भी इन रम्ज़ को समझता नहीं।
मुझसे भी ज़्यादा ग़म है इस फिजा की आज़ादी में,
बस एक छत है जिसके नीचे बेचैनी से रातें कट रही हैं।
बोझ रहता है अक्सर आँखों में जाना,
मगर बोझ आज पंखे पर है,
बज़्म जमी है अरसों बाद देहलीज पे आज,
मगर उनको भी इंतजार सोगवरों का है।

ले जाया गया है आज मुझे चार दीवारों के बाहर,

ज़माने को हारा दिखाया गया है मुझे।

ख़बर उठी है के किताबों में मिला हूं,

खुश हूं के दराजे में रखे ख़त उन्हें मिले नहीं।

बुझा कर आँखें मेरी

चश्म-बस्ते निकले हैं ढूंढने फरेब-ए-नज़र,

बात निकली है कि मैं ख्वाब में पाया गया हूं।

लाया गया घर से आखिरश शमशान मुझे,

कितनी मुश्किल से राह-ए-आम से लाया गया है,

कितने आसानी से मुझे मेरे ही घर में जलाया गया है।

कुछ ख्वाब मेरे ऐन-जवानी में मरे हैं,
और कुछ बाहती हुए आँखों के रवानी में मर जाते हैं।
ज़माना और कितनी आसानी से मर जाए,
सोचने बैठे तो परेशानी से मर जाते हैं।
ज़िंदगी गुज़रेगी मुझ को रौंद कर पैरों तले,
मगर सीने से लगा कर मौत को मर जाते हैं।

ऐसे ही गुज़रेगी उम्र तग-ओ-ताज़ में,
जीने की चाह में "फ़ज्र" मर जाते हैं।
मेरे ग़म के मारे पशेमानी से मर जाएंगे,
अगर हम एक दिन अपनी नादानी से मर जाते हैं।

अज़ीयत से जनम लेती सुहूलत रास आती है,
कोई ऐसी पड़ी मुश्किल की आसानी से मर जाते हैं।
जीने की ख़्वाहिशों में कई बार मर गए हैं,
यूं अपनी दास्तान के किरदार में मर जाते हैं।

ऐ ज़िंदगी ये तेरा करिश्मा नहीं तो क्या,
हम मौत से ही पहले कई बार मर जाते हैं।
मौसम ख़िज़ान का था मगर हाल ये ना था,
सावन के सिबा में भी अशजर मर जाते हैं।

जिसकी तलाश कीजिए मिल जाए क्या ज़रूर,
जीने की जुस्तजू में कई दस्त-ए-तलब मर जाते हैं।
क़ैद रखा है ख़ुद को अपने ही कमरे में,
वगरना दुनियादारी के नाम से ही मर जाते हैं।

अधूरी सी नज़र काफ़ी है उस आइना-दारी पर,
अगर हम गौर से देखें तो हैरानी से मर जाते हैं।
वो किसी की यादों में जलती हुई शाम-ए-फ़िराक,
उदासी के रफ़ाकत में आए जुगनू भी मर जाते हैं।

ये एक हसरत की ख़्वाहिश एक दिन तुझ को अपनों से जुदा कर जाएगी,
एक शख़्स के अरमान "फ़ज्र" तेरे नाम से मर जाते हैं।
ऐ दोस्त मुकम्मल फ़ुरक़त ही कर देख,
ऐसा ना कहो के हम तेरे साथ ही मर जाते हैं।

रोता हूं मैं उन जिम्मेदारियों के क़ब्रों पे कई बार,
जो मेरे शाने पे आते ही मर जाते हैं।
क़ब्रों में नहीं हम को किताबों में उतारो,
हम लोग ज़िंदगी की कहानी में मर जाते हैं।

कुछ हद से ज्यादा था हमें शौक-ए-ज़िंदगी,
और हम ही ज़िंदगी की गिरानी में मर जाते हैं।
जो मिले ना कभी हयात में
हया में सोग करते हैं,
लोग यूं ही उम्मीद के बज़्म में मर जाते हैं।

कैसा दौर चल रहा है मोहब्बत का देखो,
जिनसे मिलना था उनके इंतजार में मर जाते हैं।
कभी सुकून, कभी उलझने, कभी इंतजार,
हम लोग हर एक बेकरारी में मर जाते हैं।

मुझे कोई शिकायत नहीं है तुझसे "फ़ज़्ब",
फरियादें भी गले में मर जाते हैं।
कोई आता नहीं इस क़स्बे में अक्सर,
फिर भी हर रात चौकीदार मर जाते हैं।

ख़ामोश हब्स-ए-वक़्त के पिंजरे में रहते हैं,
आते ही झोंका हवा का मर जाते हैं।
सूरज भी ख़लवत में सोता रहता है तमाम रात,
सर्दी से एक परिंदा दरिचे में दफतन मर जाते हैं।

हर मरतबा सच्ची गवाही दी उसने,
हर मरतबा आशिक़ कटघरे में मर जाते हैं।
हम अपने वादों के मुख़्लिस हैं ख़ूब,
अगर कहते हैं जान क़ुर्बान करते हैं,
तो जाना हिज्र-ओ-वस्ल में मर जाते हैं।

तुम्हें याद करते-करते कितने गर्दिश गुज़र गए,
मगर दिलरुबा तुम कुछ पल की ख़ामोशी में मुझे भूल गए।
रहा उम्मीद के मकान में तेरा इंतज़ार करते,
ढल गई छत मगर तुम कभी ना आए।

तल्खियाँ ज़माने की बहलाती हैं ख़ुद के रंज से,
फिर तेरी जोश-ए-क़दह लहर घरौंदे से खेलती है।
कितना उदासी से बनाया गया हूँ मैं,
के मौसम-ए-बहार में भी मेरे साए से दरख़्त ज़र्द हो जाते हैं।

एक चराग़ था बस तेरे इश्क़ का दिल में जलता,
अब एक लौ घर जलाता है।
दर्द की हक़ीक़त से हम कभी गुज़र न पाए,
मरहम ख़्वाबों में जो अक्सर पाए हैं।

आँखों में उतरे इतराते हैं सितारे,
तेरे पेशानी से एक सूरज भी जलता है।

इश्क़ के परेहां में कोई मुसाफ़िर था,
आया जो दर आशियाने के लिए,
वो तो मेरा ही अक्स है।
शादाब जोश से गया था कभी महबूबा के नगर,
देखा आज तो मलाल की एक झोली भी साथ है।
मतवाले होते हैं मोहब्बत में सुना था,
आज ख़ुद को बर्बाद होते भी देखा है।
बोझ बस एक न था के सँवर जाएँगे,
सोचूँ तो ज़िम्मेदारियों के तग-ओ-ताज़ बहुत हैं।

शौक़ भी कैसे मनाऊँ "फ़ज़ल",
ये तो मेरे किए करम का लिखा है।
छोड़ दिया था सबको जिसके लिए,
आज उसे भी किसी और का होता देखा है।

मिलने की तरह वो मुझे पल भर भी नहीं मिला,
दिल उससे मिलता है जिससे मुक़द्दर नहीं होता।
हम-रंगी-ए-मौसम के तलबगार हैं हम,
मगर साए के सिवा कोई नहीं जचता।

मौत को गले लगाने की तमन्ना,
आजकल बहुत हो रही है।
आँखें तो बहुत भरी हैं मेरी,
मगर आँसुओं को पी रही है।

दिल में जो बोझ है,
मैं ख़ुद इससे हैरान हूँ,
वो गाहे गाहे मुझे क़ब्र में दबा रही है।
ख़ामोश है ज़ुबां मेरी,
और चंचल मेरा मन।
ना-दीदा दर्द है सीने में मेरे,
राख में मिले हुए,
फिर भी वैसे के वैसे हैं।

ज़िम्मेदारियाँ हैं हाथों में मेरे,
लेकिन पैर ज़ंजीर में फँसे हुए।
ना कभी ख़ुद के ख़्वाब पूरे किए,
ना कभी घरवालों की उम्मीदें।

अब न कोई आरज़ू, न कोई तमन्ना है,
बस एक दिल है जिसे समझाना है।

मुझे अक्सर मेरे अधूरे ख़्वाब ज़्यादा याद रहते हैं,
यूँ कि ज़ख़्म तर-ओ-ताज़ा रहते हैं।
दर-ब-दर कोई फ़क़ीर अब ज़िंदगी की भीख माँगता है,
सर-ब-सर महबूब रक़ीब की दुआ माँगता है।

पिंदार-ए-मोहब्बत पे गुमान करते हो,
जाना याद रखना मोहब्बत दिल से करते हैं।
तुम तो आज़ाद थे अपना घर पाने के लिए,
अफ़सोस कि "फ़ज्र" वहाँ किरायेदार बहुत हैं।

सफ़र तो यूँ चलता रहा बिन तेरे भी सनम,
मगर अब ये सफ़र क़ब्र तक का है।
इतनी सादगी के कैसे तुम पे ना मरे हमनफ़स,
इतने बे-मुरव्वत के पास भी कैसे रहे हम।

यादें संभाल रखी हैं तेरी,
मगर तुम्हारी आवाज़ भूल गए हैं।
एक बार फिर पुकारो मुझे "फ़ज्र",
जनाज़े पे सब को रोक रखा है।

हम सोए तो नींद कहाँ आती है,
ख़्वाब बन के जो तू मिलने आती है।
राहत-ए-जाँ अब राहत भी कहाँ आती है,
तेरी तस्वीरों पे अब दरारें नज़र आती हैं।

तुझसे फ़ासला है मगर भुला नहीं पाता,
यूँ जो तू ज़िंद में अकसर याद आ जाता है।
एक सज़ा मिल गई है अज़ीयतों की,
नवाज़िश के नक़ाब में उतर आई है।

ज़िंदगी तो यूँ राएगाँ है मेरी कब से,
और मौत की एक दस्तक है जो कभी सुनाई नहीं गई।
मेहमान आते हैं तो बस पैमान ले कर क़ब्र का,
बेबस मेरी रूह भी हार मान के चली गई।

शमशान की ये ठंड ज़मीन मुझे पुकारती है,
इंतज़ार बस मेरा है, एक लौ ख़बर लाती है।
देखा है आइने में एक मासूम सा चेहरा,
जो बस एक ज़ख़्म याद दिलाता है।

साँस चल रही है,
मगर बोझ महसूस होता है।
चलते तो यूँ ऐसे हैं,
जैसे कोई एहसान चुका रहे हैं।
मंज़िलें अब ख़यालात में भटकती हैं,
हर नफ़स एक सुलगता हुआ सवाल बन जाती है।

अर्श और फ़र्श के बीच ठहरा हूँ मैं,
जैसे दुआओं में कोई ताबीर रह गई है।
जो नाम था यारों को मालूम मेरा,
आज ये ज़माना भी "फ़ज़्र" तेरे नाम से जानता है।

हम तो सफ़र में हैं खुद की ही तलाश में,
वो साहिबान-ए-बशारत शायद कहीं चले गए हैं।
जो अपने हाल को देख न पाया सफ़र के बाद,
एक शख़्स आखिर-ए-ज़ाख़िरे में मर गया।
चराग़-ए-उम्मीद बुझा तो एक साया जगा रहा,
जो साथ माँगते चंद सेहरे में मर गया।

मैं वो क़तरा हूँ जो दरिया से मिल न पाया कभी,
समंदर भी एक बेख़बर लहर में डूब गया।
यक़ीन तो था कि मौत मुझे लज़्ज़त-ए-जहाँ देगी,
मगर मैं खुद ही अपने ख़ौफ़ के धरे में मर गया।

बहर-ए-ख़ुदा के मैं ज़िंदा हूँ,
हुज़ूर-ए-यार क्यों बिन तेरे मैं साँसे गिन रहा हूँ।
मेरी पहचान, हस्ती, ज़िंदगानी का सबब क्या है,
मैं तो ख़ुद की ही नज़र से गिर गया हूँ।

सिगहर हूँ तो आफ़त-ए-रोज़गार और भी है,
फिर ख़ुद को बर्बाद करने की वजह भी ख़ुद हूँ।
जो मिले मुझे सब मीनारा-ए-अर्श के मुहाजिर मिले,
मैं रहता कहाँ हूँ पूछते हो तुम,
मैं सुतून-ए-दार रहता हूँ।
मैं कहाँ हूँ,
मैं कौन हूँ
तुम जान के क्या करोगे,
मैं तो बस ग़म-गुसार बर्द-ए-आवारा हूँ।

जश्न-ए-मकतल में कुछ ख़ौफ़ नहीं रहता,
एक पहले से ही मरा महरूम मैं हूँ।
कोई पूछे मैं रहता कहाँ हूँ,
बस कह देना,

कोई रास्ता नहीं,
कोई मंज़िल नहीं।
राएगाँ मुसाफ़िर मैं,
मेरा कोई हमसफ़र नहीं।
आवारा-गर्दी मेरे ज़ेहन में,
कभी पिया के दर।
तो कभी गुमनाम राहों पर,
भटकता रहता हूँ ढूँढते मेरा घर।

गर्दिश-ए-ज़िंदगी

समाप्त

फ़क्र